PIERRE VÉRON

MONSIEUR PERSONNE

PARIS

ED. DENTU, ÉDITEUR,
17 et 19
Galerie d'Orléans, Palais-Royal.

LIBRAIRIE CENTRALE,
24
Boulevard des Italiens.

M D CCC LXIV

MONSIEUR PERSONNE

PAR

PIERRE VÉRON

PARIS
E. DENTU, ÉDITEUR,
LIBRAIRE DE LA SOCIÉTÉ DES GENS DE LETTRES
Palais-Royal, 17-19, galerie d'Orléans
Et à la LIBRAIRIE CENTRALE, 24, boulevard des Italiens
1864
Tous droits réservés

MONSIEUR PERSONNE

I

L'ATTROUPEMENT

La géographie, — qui se pique de former l'esprit en même temps que le cœur, — ne manque jamais de joindre à la nomenclature des villes qu'elle énumère, une ou plusieurs indications propres à meubler confortablement la mémoire de ses lecteurs.

Elle vous dit, par exemple, avec un agréable mélange de réalisme et de sentimentalité :

— ROUEN. — 84,000 *habitants*. — *Célèbre par ses sucres de pomme et la naissance du grand Corneille.*

— MONTPELLIER. — *Faculté de médecine et eaux-de-vie également renommées.*

— ORLÉANS. — *A donné son nom à l'immortelle Jeanne d'Arc et à d'excellentes confitures de coing.*

Ainsi de toutes nos cités, recommandées tour à tour par ce qu'on pourrait appeler la réclame de la science.

A chacune sa mention.

Or, si jamais un savant consciencieux, — ce dont le préserve le ciel, — était chargé de faire courir des bruits imprimés sur le compte des cinq parties du monde, arrivé à l'article PARIS, il ne manquerait pas, pour se conformer à l'usage immuable des géographes, d'ajouter : — *Patrie de Molière*, — *des badauds et des attroupements.*

Les badauds et les attroupements constituent, en effet, une des spécialités les plus parisiennement parisiennes qui puissent servir de signe particulier au passeport de la grande capitale.

Il faut des badauds pour les attroupements, il faut des attroupements pour les badauds.

Ils vivent l'un par l'autre, ils vivent l'un pour l'autre; ils ne sauraient vivre l'un sans l'autre.

Pour s'attrouper tout prétexte est bon.

Evénement politique ou prospectus de charlatan, étoile qui file ou voiture qui s'arrête, femme qui se jette par la fenêtre ou marchand de taffetas pour les cors.

Qu'importe au badaud?

Il contemple du même œil banal la parade de l'homme aux cannes et le malheureux sur le corps duquel vient de passer un omnibus complet.

Il a le même plaisir idiot à stationner autour de l'ivrogne qui trébuche pour avoir trop bu et de l'affamé qui s'affaisse pour n'avoir pas assez mangé.

Il est là, debout sur ses deux jambes pour regarder un gouvernement aux prises avec la révolution ou une commère aux prises avec son chat.

L'attroupement, c'est le miracle de la multiplication des imbéciles.

Il y en avait un.

En dix secondes il est devenu cent — et pérore comme mille.

L'attroupement a des axiomes pour toutes les circonstances, des remontrances pour tous les pouvoirs, des remèdes pour tous les maux.

Il s'occupe d'affaires d'Etat avec le *Moniteur* placardé sur les murs,

De météorologie avec le thermomètre de l'ingénieur Chevalier,

De littérature dramatique avec la queue qui serpente autour des théâtres où l'on *croixdemamérise*,

De droit public avec le sergent de ville qui escorte au poste un délinquant,

D'astronomie avec le montreur de lune du pont Neuf,

De beaux-arts avec les crayons de Mangin,

De gymnastique avec le patineur de la place de la Concorde.

L'attroupement sait tout, — excepté ne pas se laisser berner par le premier exploiteur venu ; voit tout, — hormis le filou qui lui *travaille* ses mouchoirs.

Il a beaucoup de conseils pour ceux qui n'en ont que faire, et peu de petits écus pour ceux qui en auraient besoin.

L'attroupement, ce sont les moutons, — mais quelquefois aussi les loups de Panurge !

Ce qui fait que l'attroupement est haïssable comme le badaud, le badaud comme l'attroupement, — et qu'on a d'autant plus le droit d'être impatient de leur sottise qu'on la sent éternelle.

II

EN L'AN 1901

Ce qui vient d'être dit en général de la maladie de l'attroupement peut, — a plus forte raison — s'appliquer en particulier au Paris où ce récit compte prendre la permission de transporter le lecteur, — au Paris de l'an de grâce 1901.

En cette première année du XXe siècle, le mouvement des piétons et des voitures avait pris une telle activité, qu'en certains endroits, — notamment au croisement de plusieurs voies, — on était obligé la veille, de réclamer à des guichets *ad hoc*, un numéro d'ordre, pour être admis à traverser le lendemain les rues ou boulevarts.

L'encombrement des trottoirs avait naturellement suivi la même proportion.

Comme l'esprit d'indiscipline — propre au caractère national — avait empêché les passants de se soumettre aux multiples ordonnances rendues pour obliger chaque citoyen à prendre sa droite en marchant, c'était sur chaque bas-côté de l'asphalte, une perpétuelle collision entre les allants et les venants.

De plus, l'administration trouvant qu'en face de l'accroissement immense de la population parisienne, on ne pouvait trop multiplier la surveillance, avait fini par établir, de cinq en cinq boutiques, un sergent de ville de planton.

Ces estimables fonctionnaires, — très-utiles d'ailleurs, — avaient l'inconvénient de former sur le bitume, déjà obstrué, des embarras de zèle qui apportaient encore un nouvel obstacle à la circulation.

Il est aisé de concevoir qu'en un tel état de choses le plus futile motif, l'événement le plus insignifiant amenaient soudain sur un point d'effroyables agglomérations.

Il est plus aisé encore de comprendre qu'entre toutes les autres, la rue des Petits-Champs, ce corridor incommode de l'illustre capitale, était exposée à de pareils engorgements de citoyens.

Aussi ne serez-vous nullement surpris en apprenant que le 1ᵉʳ août de cette même année 1901, vers trois heures de relevée, ladite rue était complétement barrée par un rassemblement d'au moins six mille personnes.

Que se passait-il donc ?

C'est ce que chacun cherchait à voir — en se dressant un peu sur ses propres pieds et en marchant passionnément sur ceux des voisins.

Mais, malgré tant d'efforts de gymnastique, tout

ce que parvenaient à découvrir ceux que le hasard n'avait pas placés à la première galerie, c'était un agent de l'autorité aux prises avec un innocent griffon.

III

LES CHIENS CELLULAIRES

Voici ce qui était advenu.

En l'an de grâce 1901 la police, comme toute chose, avait nécessairement réalisé le plus de progrès qu'elle avait pu.

Pour n'en citer que l'exemple qui intéresse directement le commencement de ce récit, elle avait, depuis quelques années, rendu en l'honneur de la race canine une série de cent quatorze arrêtés.

Les cent dix premiers avaient eu pour but d'apporter des perfectionnements successifs à la construction des muselières, qu'on avait fait garnir de ressorts, serrures de sûreté et autres engins destinés à rassurer le public contre les périls de l'hydrophobie.

Bientôt les muselières, si verrouillées qu'elles fussent, n'avaient plus paru suffisantes.

Car, — comme l'avait dit un édile dans un lumineux rapport :

« *Rien ne garantissait qu'un chien, avec de l'intelligence, — et cette race en a, — ne pût pas parvenir à forcer la serrure de son collier!..* »

Le lumineux rapport aurait dû faire valoir, en outre, l'hypothèse de la fabrication de fausses clés.

Mais bien que cette face de l'argumentation eût été à tort laissée dans l'ombre, on n'en décida pas moins qu'il était urgent de priver ces redoutables quadrupèdes de l'usage de leurs pattes de devant.

En conséquence, à tout propriétaire de chiens

il fut enjoint de lier lesdites pattes de devant à l'aide d'une chaîne rivée à un petit boulet.

Puis, ce fut le tour des pattes de derrière qu'on soumit à la même formalité.

Puis, finalement ces entraves extérieures furent encore une fois reconnues insuffisantes, et parut le décret suivant :

*
* *

« Considérant qu'en matière de réglementation, quand il y en a assez, il en faut encore ;

» Considérant que si le chien est l'ami de l'homme, celui-ci doit entourer son ami de toutes les précautions imaginables ;

» Considérant que l'hydrophobie est un mal incontestablement dangereux, puisqu'il peut en résulter les dangers les plus terribles ;

» Avons arrêté et arrêtons :

ARTICLE PREMIER

— A dater de ce jour, les chiens ne pourront plus se montrer dans les rues qu'enfermés dans une petite cage montée sur quatre roulettes et garnie de barreaux de fer dont le diamètre et la longueur seront déterminés par une commission d'ingénieurs, de chefs de bureaux et de maîtres de forges.

ARTICLE II

Tout propriétaire de chien devra traîner lui-même la cage de son chien et ne jamais lâcher la corde à laquelle elle sera attachée.

ARTICLE III

Toute contravention sera punie d'une amende de 100 francs à un million.

ARTICLE IV

En cas de récidive, on pourra ajouter à cette pénalité un emprisonnement de huit jours à vingt ans.

ARTICLE V

Tout chien qui sera rencontré circulant sur la voie publique hors de sa cage, sera immédiatement conduit à la Clinique où les lumières de la science médicale, à qui la destruction de leurs malades n'offre que d'insuffisantes récréations, auront le plaisir de disséquer tout vif le délinquant.

ARTICLE VI

Afin d'épargner aux propriétaires de chiens la peine de faire construire des cages conformes aux termes du présent décret, l'administration a cédé à un soumissionnaire le droit exclusif de fabriquer et vendre cet article au-dessus de sa valeur.

ARTICLE VII

La dernière ordonnance rendue devant toujours avoir seule raison, toutes celles qui ont précédé sont déclarées ridicules, contraires au bon sens, nulles et non avenues.

Le *crescendo* autoritaire s'était arrêté pour le moment aux dispositions ci-dessus relatées, et c'était précisément une contravention à cette loi draconienne, qui avait occasionné le rassemblement de la rue des Petits-Champs.

Un malheureux griffon s'était fourvoyé au soleil, sans prison préalable.

Un agent l'avait aperçu, saisi et garrotté.

Le chien se débattait.

L'agent tirait.

Le chien râlait.

L'agent tirait plus fort.

Quant à la foule, elle regardait sans autre sentiment que le plaisir de goûter une représentation gratuite ; — lorsque tout à coup un homme, se frayant vivement un chemin à travers les amateurs de spectacle en plein air, vint tomber comme un aérolithe au beau milieu du cercle qui environnait les deux combattants de cette lutte inégale.

IV

L'HOMME AUX YEUX VERTS

C'était un étrange personnage que ce nouveau venu.

Vêtu de façon à défier la date de toute espèce de mode, il échappait presque également à l'évaluation d'aucun extrait de naissance.

Trente-cinq ans, peut-être.

Soixante, il se pouvait.

Cent-dix, qui sait?

Car depuis l'application des doctrines du sieur Flourens, philosophe du dernier siècle, il n'était plus rare de voir des bi et tri-centenaires.

Les mouvements de l'inconnu, empreints d'une ardeur toute spontanée, avaient — ou peu s'en faut — l'éloquence de la parole.

L'expression de son visage était une résolution calme, une ironie bienveillante, une vivacité intermittente. Avec une mobilité vraiment inouïe, ses traits pouvaient revêtir tour à tour les physionomies les plus diverses.

Mais ce qui surtout chez lui donnait à l'ensemble de la figure un reflet de puissante originalité, c'était le regard de deux yeux d'un vert impénétrable.

Maigre, anguleux, l'inconnu devait paraître laid au vulgaire.

Il frappait et intéressait l'observateur dès le premier abord.

A le voir écarter les rangs des badauds, on aurait supposé qu'il allait intervenir dans la situation avec une véhémence compromettante.

Il n'en fut rien.

Touchant au contraire, avec une politesse parfaite, le bord de son chapeau :

— Veuillez m'excuser, monsieur, dit-il à l'agent de l'autorité.

— De quoi vous mêlez-vous ? repartit celui-ci sans prendre la peine d'adoucir la tonalité de son organe.

— De ce dont je m'étonne que tous les gens qui sont ici ne se soient pas mêlés avant moi.

— Ce chien est-il à vous ?

— Peu importe.

— Alors, passez votre chemin. J'ai une consigne.

— Mille fois pardon, Monsieur, j'ignore ce que dit votre consigne...

— Lisez les règlements.

— Mais, poursuivit l'inconnu avec une sérénité complète, ce que je sais, c'est que si jamais ce chien devient enragé, c'est à coup sûr à vos bons offices qu'il en sera redevable.

— Est-ce que vous n'allez pas...

— Désolé vraiment de vous désobliger; toutefois permettez-moi de vous dire, Monsieur, que vous me paraissez étranger aux plus simples notions d'histoire naturelle. Il est sans exemple qu'un chien enragé ait jamais poussé la condescendance jusqu'à se laisser mettre complaisamment dans un appareil semblable à ceux qu'on rencontre au coin de toutes les rues, mais il y a de fortes chances pour qu'après un séjour réitéré dans ces instruments de supplice, il en sorte à l'état de férocité le plus parfait, et dévore, par représailles, tout ou partie de son propriétaire.

— J'ai ma consigne, répéta l'agent, — tandis que la foule, amusée de la dissertation, éclatait bruyamment de rire.

— Prenons pour exemple ce pauvre griffon que vous brutalisez. Vous trouvez tout naturel d'abuser de votre force pour le faire souffrir. Si sa faiblesse usait de représailles et vous ripostait par un coup de dent légitime, vous l'accuseriez de sauvagerie. Et pourtant vous savez, comme moi, qu'il est inoffensif.

— Inoffensif!... inoffensif!

— Vous laisserait-il le temps de l'accuser s'il ne l'était pas?... Croyez-moi, mon ami, s'il fallait que le plus méchant des deux enfermât l'autre, il serait à craindre parfois que ce fût le quadrupède qui remorquât le bipède clos entre quatre barreaux.

Cette fois la foule poussa un véritable hurrah.

L'agent, — il était novice dans la profession, — se sentait troublé par le calme de son interlocuteur, dont les yeux verts ne quittaient pas les siens; mais voulant faire bonne contenance, il reprit, en élevant la voix :

— J'ai ma consigne, sacrebleu ! je ne connais que ça. Ce chien est-il à vous?

— Oui, répondit cette fois l'homme aux yeux verts avec un regard impassible.

Le chien eut l'air de comprendre et agita la queue en faisant entendre un gémissement plaintif.

— Ah! il est à vous...

— Certainement... N'est-ce pas, Médor?

Le chien approuva de la voix.

— Eh bien, alors, emmenez-le... mais si je le retrouve!...

— Il faut espérer, mon ami, que d'ici-là les arguments que j'ai eu l'honneur de vous exposer se seront frayé un passage jusqu'au bon sens de vos supérieurs, et que la consigne, dont vous m'avez bien voulu parler à diverses reprises, aura été levée... Allons, Médor, en route, mon camarade... Nous allons prendre une voiture, puisqu'il y a des priviléges pour les chiens comme pour les gens à carrosse.

Et l'inconnu, — suivi du griffon, qui marchait respectueusement entre ses jambes, — se déroba à la curiosité des assistants.

V

RENCONTRE

Il avait déjà fait quelques pas, quand il se sentit soudain retenu par le bras, en même temps qu'une voix murmurait à son oreille :

— Pardon, Monsieur, je...

L'ami de Médor se retourna et se trouva en face d'un individu de l'aspect le plus vénérable.

Cravate blanche, lunettes d'or, habit noir.

— Pardon, Monsieur, reprit l'étranger, mais je viens de me trouver témoin de la scène dont vous avez été le principal acteur.

— Ah !

— Et j'ai été — comme tout le monde — frappé de la sagacité de vos raisonnements, ainsi que de la délicatesse de votre cœur... Permettez-moi de vous féliciter. Vous aimez noblement votre chien.

— Mon chien ! fit l'homme aux yeux verts, mais il n'est pas à moi.

— Il n'est pas à vous ?

— J'ai compris que le mensonge pouvait seul le sauver, et j'ai adopté ce pauvre animal jusqu'à ce que son légitime possesseur le vînt réclamer.

Ce diable de Médor, — comme s'il eût voulu protester de sa reconnaissance, — se serra plus étroitement dans les jambes de son défenseur.

— Ah ! Monsieur, exclama l'étranger vénérable, votre conduite est encore plus belle que je ne le pensais.

— Il me semble n'avoir fait que ce que le premier venu aurait dû faire à ma place.

— Aussi modeste que généreux... Monsieur appartiendrait-il par hasard à l'une de nos quatre-vingt-dix succursales de province ?

— Quelles succursales ?

— Celles de la *Société Animalophile ?*

— Nullement, Monsieur.

— C'est une injustice que je réparerai. Peut-être mon nom ne vous est-il pas inconnu : le baron de Tirechappe. J'ai l'honneur d'être membre du bureau de la Société-mère de Paris, où mes services m'ont, sans vanité, conquis un crédit que je m'efforce de justifier. Touchez-là, Monsieur... Nous sommes nés pour nous apprécier... Et pour commencer, faites-moi, je vous en prie, le plaisir de venir dîner chez moi.

— Vous êtes mille fois bon, mais...

— Je n'accepte pas d'excuse !... Un esprit aussi cultivé ! une âme aussi... Venez donc, de grâce.

— Si...

— Venez, je vous en supplie.

Et le baron de Tirechappe passa son bras sous celui de notre inconnu.

VI

L'AMI DES BÊTES

— Ah! cher Monsieur, reprit le baron de Tire-chappe en commençant à marcher, cher Monsieur, les animaux!... Je ne comprends pas qu'il y ait des cœurs assez durs pour ne pas sympathiser avec les souffrances de ces êtres infortunés et sans défense!

— Ils sont, en effet, dignes d'intérêt!...

— Merci de cette bonne parole... J'étais bien

sûr que nous nous comprendrions.. Les animaux !. Je leur ai voué mon existence et j'ai été assez heureux pour voir mes efforts appréciés au-delà de leur mérite !... Onze souverains ont daigné m'accorder la croix de leurs ordres en récompense du peu de bien que j'ai pu faire... Je vous jure que je me trouvais suffisamment rémunéré par ma conscience !...

— Le plus noble des salaires, Monsieur; vous avez raison.

— N'est-il pas vrai?... Quand on a des sentiments qui... Ah! ça! voulez-vous nous laisser la paix! tonna soudain le baron s'interrompant dans son dithyrambe. Je ne comprends pas que la police ne coffre pas de pareilles vagabondes... Vous avez faim?... Elles ont toutes faim à les entendre. Et des enfants! j'en étais sûr... Laissez-nous, fainéante, ou je vous fais arrêter.

Cette virulente apostrophe s'adressait à une mendiante qui s'était approchée pour implorer la charité de l'ami des bêtes, — lequel, après son imprécation bien sentie, — reprit d'un ton ému :

— Quand je pense, Monsieur, qu'il existe des natures chez lesquelles la corde de la pitié n'a jamais vibré... Mais c'est-à-dire que — rien qu'en voyant marcher sur la patte d'une pauvre bête — je me sens venir les larmes aux yeux... Vous examinerez mes projets de *maisons de retraite pour les chiens,* d'*hôpitaux pour les oiseaux* et de *crèches pour les chats en bas âge*... Voilà, je puis le dire, des idées véritablement humaines et...

Le baron s'interrompit encore.

Cette fois un accident de voiture avait attiré son attention.

Un fiacre accroché par un omnibus avait versé, et le cocher avait deux côtes enfoncées.

Le baron se précipita avec angoisse, mais revenant presqu'aussitôt, le sourire aux lèvres :

— Dieu merci! ce n'est rien!... Un instant j'ai cru que le cheval était blessé, et j'ai failli me trouver mal d'émotion... On n'est pas maître de soi, n'est-il pas vrai? mais on est bien malheureux d'être aussi impressionnable... Ah ! cher Monsieur, ceux qui sont insensibles sont bien dignes d'envie.

— Et le cocher ? objecta l'interlocuteur du baron.

— Peuh ! ne me parlez pas de ces gens-là !... Il va se faire dorloter aux frais de la Compagnie... Des paresseux et des ivrognes !... Je vous montrerai aussi la pétition que j'adresse au préfet, à propos des exercices du dompteur qui donne en ce moment des représentations au Cirque... Une infamie ! Je ne comprends pas qu'on tolère des spectacles d'une telle barbarie... Aussi... Mais, parbleu ! j'ai justement là le double de cette pétition, et tout en marchant...

Le baron avait tiré de sa poche un papier dont il entama la lecture en ces termes :

VII

UNE PÉTITION IMPRÉVUE

« Monsieur le Préfet,

» Un théâtre sert en ce moment de complice a une exhibition véritablement scandaleuse et en désharmonie complète avec les mœurs du siècle dans lequel nous devons être fiers de vivre.

» A quoi sert, en effet, que la civilisation ait accompli de réels progrès, si c'est pour la faire reculer vers ces époques sauvages dont la devise était : *Panem et circenses.*

» Un dompteur dont j'ignore le nom, — et je ne veux pas le connaître, — entre tous les soirs dans la cage de quinze lions, auxquels il impose des exercices aussi déshonorants que blâmables.

» De quel droit, monsieur le Préfet, serait-il permis de violer la liberté individuelle dans la personne de ces nobles et intelligents carnassiers, qu'on ravale contre leur gré jusqu'au rôle de saltimbanques ?

» Mais ce n'est là qu'un côté de la question, le côté moral et psychologique.

» Il en est un autre sur lequel je dois insister avec une énergie plus convaincue encore.

» Pouvez-vous supposer, monsieur le Préfet, que ces superbes animaux aient volontairement abdiqué leur fierté traditionnelle ?

» Non ! vous ne leur ferez point cette injure !

» C'est donc par la contrainte, par les mauvais traitements, les coups et les privations qu'on est parvenu à dompter leur naturel généreusement indépendant.

» Et la société moderne tolèrerait de tels abus ! Et elle exposerait des lions inoffensifs à la violence d'un baladin !

» Que dis-je, monsieur le Préfet, ce n'est pas seulement aux mauvais traitements que ces nobles quadrupèdes sont exposés !

» C'est à la mort ! oui à la mort !

» Car cet homme, — pour surexciter la curiosité de la foule — ne craint pas d'entrer dans leur cage les bras et les jambes nus.

» Je vous le demande, est-il permis de pousser aussi loin une indécente provocation ?

» Ah ! j'en frémis malgré moi. Qu'un de ces animaux, emporté par un légitime appétit se laisse aller à consommer ce dompteur et il peut être perdu.

» C'est du lion que je parle !

» En effet, dans cette profession, l'homme s'adonne aux boissons alcooliques. Les fatigues et l'âge doivent en outre rendre sa viande coriace et malsaine.

» Le lion peut donc périr étouffé par une indigestion, à laquelle on l'aura traîtreusement provoqué.

» Non, monsieur le Préfet, je le répète en terminant, votre haute justice ne peut tolérer un semblable scandale, et j'attends, avec confiance de votre équité, un ordre qui vienne mettre un terme à l'indignation des honnêtes gens. »

— Eh bien ! qu'en pensez-vous ? dit le baron de Tirechappe en repliant son manuscrit.

— Je pense... je pense que peut-être en cas d'accident, la position du dompteur ne serait pas beaucoup plus agréable que celle du lion et que..

— Allons donc ! mon cher Monsieur, ne me parlez pas de ces gens-là... Venir lâchement provoquer... Tenez ! causons plutôt de votre admission au sein de notre chère *Société Animalophile*... Dès la prochaine séance, je pose votre candidature. Et pour ne pas l'oublier...

Le baron prit son calepin.

— Nous disons, cher Monsieur, que vous vous nommez?...

— Personne! répondit l'homme aux yeux verts, du ton le plus naturel.

— Et que vous demeurez?

— Nulle part!...

VIII

MONSIEUR PERSONNE

Le baron de Tirechappe fit un haut-le-corps qui traduisit éloquemment la surprise que lui causait cette double réponse.

— Personne !... Nulle part ! répéta-t-il avec une nuance visible de défiance.

L'homme aux yeux verts n'eut pas l'air de s'en apercevoir.

— Je ne demeure nulle part, — par la raison

bien simple que je ne suis arrivé à Paris que de ce matin même. Je m'appelle Personne... parce qu'on n'a pas voulu que je m'appelasse autrement.

— Cependant vous deviez avoir...

— Un autre nom... Ah ! oui... Jadis... Il y a longtemps .. Un nom noble... Un jour — c'est très-drôle, — un jour j'appris qu'un intrigant avait pris le même titre que moi... C'est très-drôle !... Je lui intentai un procès. . Par malheur, j'avais perdu une partie des pièces vraies qui pouvaient... C'est très-drôle... qui pouvaient établir mes droits... Lui, l'intrigant en avait probablement fait fabriquer de fausses dans une de ces boutiques d'ancêtres qui n'ont jamais suspendu leur petit commerce, en dépit de toutes les mesures prises contre elles... Il avait en outre beaucoup d'argent... J'en avais peu... Il paya les plus gros avocats... Je dus me contenter des plus humbles... Bref, il gagna et je perdis. Il fut reconnu seul possesseur authentique du nom qui ne lui appartenait pas, et je fus exproprié de celui qui m'appartenait... Voilà pourquoi — n'est-ce pas que c'est très-drôle ? — voilà pourquoi aujourd'hui je m'appelle monsieur Personne... Monsieur Personne!... Ah ! ah ! ah !

L'homme aux yeux verts éclata bruyamment de rire.

— Alors vous venez à Paris pour trouver un emploi ? questionna le baron en dégageant doucement son bras de celui de son interlocuteur.

— Pour chercher un emploi, comme vous le dites.

— Ah ! mon Dieu !... Quel étourdi je fais !... Et moi qui n'avais pas — tout à l'heure en vous invitant — songé que je dois à sept heures me rendre à une séance de l'*Association des Amis de la race porcine*... Désolé vraiment, cher monsieur, mais nous nous reverrons, je l'espère... Nous nous rencontrerons... Désolé, je suis en retard, et il faut que je me hâte.

— L'art de protéger les animaux et de s'en

faire plusieurs décorations de revenu, grommela M. Personne, en regardant le singulier baron s'éloigner à toutes jambes... Au fait, il a raison ce monsieur de chérir les bêtes et de malmener les gens... C'est pour lui la vraie façon de pratiquer l'amour de ses semblables...

Médor protesta par un grognement contre cette désobligeante assimilation.

IX

LA SOCIÉTÉ DE SAINT-TORQUEMADA

M. Personne, après avoir donné satisfaction aux sentiments que lui inspirait la doctrine de l'avocat des lions, s'était remis en marche.

Tout en cheminant, il paraissait réfléchir, et ses réflexions se traduisaient en fragments de monologue, semés de trois pas en trois pas.

— Mauvais début !... Les hommes ne changeront donc jamais... Un emploi... Il avait raison...

Il m'en faut un!... Et bientôt!... Lequel?... Depuis le temps que...

Tout à coup il s'arrêta devant la porte d'un vaste hôtel au fond duquel était écrit en lettres d'or :

SOCIÉTÉ DE SAINT-TORQUEMADA

SIÉGE PRINCIPAL.

Des deux côtés, en outre de cette entrée majestueuse, étaient inscrites des devises pieuses et évangéliques.

C'était, à droite :

Venez à moi, vous qui souffrez !

A gauche :

Aidez-vous les uns les autres !

Enfin une affiche, encadrée dans la muraille, adressait aux passants la parole en ces termes :

SOCIÉTÉ DE SAINT-TORQUEMADA

« De toutes les vertus, la charité est celle dont la pratique est le plus agréable à l'Éternel ; de tous les devoirs la charité est celui dont l'exercice doit être le plus doux à l'homme.

» Aussi est-ce exclusivement dans un but charitable qu'a été constituée la Société de Saint-Torquemada.

» Au sein d'une ville qui, comme le Paris actuel, compte soixante et quinze lieues de tour et dix-neuf millions d'habitants, la misère et les besoins de toute sorte ont fatalement suivi une douloureuse progression.

» Fatalement aussi, au milieu de ce gouffre immense, les infortunes sont devenues plus difficiles à découvrir en se noyant, pour ainsi dire, dans les abîmes de l'égoïsme.

» La Société de Saint-Torquemada a consacré l'intelligence et l'activité de tous ses membres à la recherche et au soulagement de ses frères en humanité.

» Ce n'est pas seulement par l'aumône qu'elle leur vient en aide.

» A ceux qui ne peuvent plus gagner le pain de chaque jour, l'aumône tend en effet sa bourse toujours ouverte.

» Mais à ceux qui veulent et peuvent travailler, la Société offre mieux encore, elle offre le labeur honorable pour tous.

» Disposant, par ses relations presque infinies, de places de tout genre et de toute rémunération elle invite à se présenter dans ses bureaux de midi à six heures, où de plus amples explications seront fournies aux personnes qui le désireront. »

Pour les membres du Conseil d'administration,

Le Secrétaire,

***

— Corbleu ! voilà qui est bien dit et bien pensé ! exclama M. Personne. J'avais tort de médire de l'espèce humaine, — et c'est ma bonne étoile qui m'a dirigé de ce côté !... C'est singulier... Il me semblait cependant que ce nom de Torquemada évoquait dans l'histoire de tout autres souvenirs que ceux-là... Entrons toujours.

Et se conformant à ses propres injonctions, il pénétra dans l'hôtel de la bienfaisante société.

— Mon frère désire ?... lui demanda, en lui barrant la route, un portier dont l'uniforme tenait le milieu entre le bedeau et le sacristain.

— Je désire parler à monsieur le Directeur...

— Monsieur le Directeur est à Rome en ce moment.

— Au sous-directeur alors.

— Monsieur le sous-directeur est à l'église.

— Aux administrateurs.

— Messieurs les administrateurs sont tous à la distribution des prix du couvent numéro cinquante-six du saint ordre des Pères Jésuites.

— A qui donc peut-on s'adresser ?

— A monsieur le secrétaire-général qui vient de revenir de l'archevêché.

— Va pour monsieur le secrétaire-général.

— Neuvième cour, troisième escalier à gauche.

X

LA BANQUE DE DÉVOTION

C'était une véritable administration publique que cet hôtel de la Société de Saint-Torquemada.

De toutes parts M. Personne rencontrait des allants et des venants, à l'air mystérieux et affairé, — qui échangeaient des signes conventionnels. Beaucoup aussi se dirigeaient vers un corps de bâtiment en tenant à la main de petits carrés de papier et en sortaient bientôt comptant de l'argent qu'ils venaient de recevoir.

M. Personne, frappé des allures étranges de tout ce qu'il voyait, arriva avec une certaine appréhension au bureau de M. le secrétaire-général.

M. le secrétaire-général, blotti douillettement dans un large fauteuil, leva un œil investigateur sur l'étranger qui se présentait devant lui, puis presqu'aussitôt reprit, paupières baissées, l'attitude doucereuse qu'il avait d'abord.

En même temps, s'inclinant humblement :

— Que la paix du Seigneur soit avec vous, mon frère !

— Monsieur, j'ai bien l'honneur de vous saluer, repartit simplement M. Personne... Je ne suis rien et je voudrais essayer de devenir quelque chose... Je passai tout à l'heure devant la porte de cet hôtel ; j'ai lu la belle profession de foi de votre institution. Vous offrez de l'aide à qui en réclame, du travail à qui en désire. J'ai besoin des deux, et d'avance vous promets une loyale et éternelle gratitude.

— Vous avez eu raison, mon frère, d'avoir confiance. Vous avez eu raison, — car ceux qui sont avec nous grandiront par nous, ceux qui sont contre nous périront par nous aussi.

En ce moment, un employé entra tenant des registres à la main.

— Monsieur le secrétaire, ce sont les comptes de la journée. Nous avons : Douze cents *billets de confession* à cinq francs, remboursés en numéraire;

Item, quinze cents francs en vivres ou effets;

Nous avons payé deux mille *jetons de présence* à la neuvaine de sainte Trophime;

Item, deux mille quatre cents *jetons de présence* aux sermons de divers prédicateurs;

Plus, neuf cents *primes de bûcher*, pour des exemplaires d'ouvrages de philosophie qu'on nous a apportés à mettre au feu.

Enfin trois mille francs à trois de nos brochuriers pour réponses virulentes au dernier livre d'un ennemi du pouvoir temporel.

Vous vérifierez le total, monsieur le Secrétaire, et vous voudrez bien approuver les écritures.

— C'est bien. Allez !

L'employé sortit.

M. Personne ouvrait des yeux démesurés.

— Vous le voyez, mon frère, dit le secrétaire-général, en se retournant vers lui, notre Banque de dévotion est aujourd'hui une affaire lancée.

— Pardon, Monsieur, quelle banque ?

— C'est vrai, — vous n'êtes pas encore initié. Comme je vous le disais, avec nous tout, contre nous rien. Par le billet de confession à cours monétaire, nous tenons les trois quarts des familles d'artisans. Ces billets, payables à notre caisse et d'une valeur de cinq francs chacun, sont en outre reçus comme numéraire chez tous les fournisseurs de l'association. Ainsi des jetons de présence aux sermons, messes et autres exercices de pitié... Une admirable institution, mon frère! La foi mourait. Nous la ranimons, et en concentrant ses forces, nous en faisons le plus puissant des instruments politiques. Il faut bien qu'on compte avec nous, en attendant mieux... D'ailleurs, on vous initiera à fond quand vous aurez pris place dans nos rangs... Je vais vous lire la formule du serment.

— J'ignore, Monsieur, interrompit M. Personne, de quel serment vous voulez parler. Ce que je désire c'est tout simplement une modeste position qui me permette d'employer mes facultés et de gagner honorablement ma vie...

— J'ai parfaitement compris et je vais vous lire la formule :

« Au nom de la très-sainte Intolérance, du très-saint Fanatisme, je jure... »

— Jamais je ne jurerai cela.

— Seriez-vous donc un faux-frère?... Un espion?... Un libre-penseur? exclama M. le secrétaire en bondissant.

— Je ne sais pas si je suis libre-penseur, mais je sais que je tiens à conserver la liberté de penser comme il me plaira.

— Blasphème et abomination!... Un voltairien!

— Un honnête homme. Que vous importe le reste!

— Que m'importe!... Il a l'audace de gouailler.

— Le royaume de la charité — à ce que je pensais — n'a pas de religion d'État.

— Eh! nous nous en moquons p as mal de votre charité... Si vous croyez bonnement que nous donnons nos petits écus pour le plaisir de faire pousser de la graine d'ingratitude... Nous sommes des hommes d'affaire, entendez-vous, des hommes sérieux!... Vente et achat... Donnant, donnant...

— Je comprends maintenant... Vous avez inventé les convictions au porteur et la conscience à 10 p. 100.

— Vous osez m'insulter... Sortez!

— J'allais en solliciter la faveur.

— Assez, Monsieur.

— Trop même...

— Sortirez-vous à la fin !

Et frémissant de rage, M. le secrétaire-général envoya un coup de pied au pauvre Médor.

— Vous vous trompez, fit M. Personne se retournant et fixant froidement le dévot blêmi, ce n'est pas lui qui est voltairien !...

M. le secrétaire-général, effrayé de ce regard de bronze, se hâta de gagner la pièce voisine.

XI

LE CAFÉ CRÉSUS

Quand M. Personne se retrouva dans la rue, où l'affiche hypocrite de la Société de Saint-Torquemada continuait à piper les passants, la nuit était venue.

Et probablement l'appétit.

En effet, il parut — pendant quelques instants, — recueillir ses souvenirs pour s'orienter, puis se dirigea vers les *Petits-Boulevarts*.

On nommait ainsi, en 1901, la promenade qui s'étend de la Bastille à la Madeleine, — pour la distinguer des autres boulevarts, dont le plus court n'avait pas moins de 20 kilomètres.

Les *Petits-Boulevarts*, qu'on avait respectés, à cause de leur ancienne réputation, étaient loués alors à un spéculateur qui y avait établi un café-restaurant, connu sous le nom de café Crésus.

Le café Crésus occupait toutes les boutiques des deux côtés des Petits-Boulevarts.

On déjeunait et dînait dans les salons du côté droit.

Les demi-tasses, bocks et billards occupaient le côté gauche, — de l'ancienne colonne de Juillet à la rue Royale.

De nombreux consommateurs étaient attablés.

Si nombreux que M. Personne fut obligé de remonter depuis la Chaussée-d'Antin jusqu'aux salles qui occupaient l'emplacement du ci-devant boulevart Saint-Martin pour trouver une place.

Le repas qu'il fit attesta qu'aux autres qualités

qu'on pouvait déjà lui soupçonner, il joignait une exemplaire sobriété.

Un simple potage, deux modestes plats, un humble dessert, et une candide demi-bouteille.

Après quoi il sonna le garçon pour réclamer l'addition.

— Voilà, Monsieur, voilà ! répondit ce fidèle serviteur en s'empressant d'aller donner un coup d'œil dans les salles voisines.

M. Personne sonna de rechef.

— Voilà, Monsieur, voilà !

Une troisième.

— Voilà, Monsieur !

Heureusement le café Crésus était une maison bien tenue, ce qui fait que M. Personne n'eut pas à attendre comme dans un établissement de second ordre.

A son dixième appel, le garçon se *hâta d'accourir.*

Il tenait à la main une énorme pancarte d'au moins trente centimètres de long.

— Garçon, j'ai demandé l'addition.
— Précisément, Monsieur, je vous l'apporte. La voici.
— Comment ! la voici !... Vous vous trompez, rien qu'à voir le format de ce papier... Mon dîner se compose uniquement de...
— Monsieur, notre maison ne se trompe jamais !

Et le garçon, redressant le col, ainsi qu'une oie majestueuse, tendit la note monumentale à son contribuable.

— Merci, mon ami, mais il n'y a pas de petites économies, et votre patron a tort, pour deux malheureux plats, de gaspiller ainsi son papier... Il ferait mieux de...

LE CAFÉ CRÉSUS

M. Personne n'acheva pas.

Il venait d'apercevoir que l'erreur était de son côté, et que le papier était utilisé *in extenso*.

On y lisait en effet :

SALLE 595

TABLE 14,863.

Nappe...............................	20 fr.
Serviette............................	10
Cuiller..............................	15
Fourchette...........................	15
Couteau..............................	10
Verre................................	10
Assiettes............................	40
Sel et poivre........................	5
Moutarde.............................	5
Huile et vinaigre....................	5
Cure-dents...........................	5
Vin..................................	50
Potage...............................	15
A reporter.....	111 fr.

	Report.....	111 fr.
Beefsteack.................................		35
Beurre pour l'accommoder..............		15
Sole frite...................................		50
Persil pour l'ornementer................		15
Fromage		15
Rince-bouche		10
Vue du boulevart en dînant à raison de 60 fr. l'heure, quarante-huit minutes..		48
Politesse du garçon		15
Deux sourires de la dame de comptoir à l'entrée et à la sortie, — 10 fr. pièce, soit		20
	Total égal à.........	398 fr.

— Mais, garçon... essaya d'objecter M. Personne en achevant cette nomenclature terrifiante.

— Plaît-il, Monsieur... aurait-on oublié de compter quelque chose sur la note de Monsieur?

— Oublié !!!...

— En ce cas, si Monsieur n'a pas d'erreur à signaler, je prierai Monsieur de vouloir bien céder la table à une famille qui l'attend !

— Pardon, mon ami, une simple observation. Le vin est porté sur vos cartes à raison de 40 francs la bouteille. Je n'en ai pris que la moitié d'une et vous me comptez 50 francs.

— Justement, Monsieur, la différence en plus est pour la peine qu'on aura à remplir la bouteille de nouveau.

— C'est juste, garçon... Un mot encore. Les patrons doivent faire ici une fortune rapide.

— Comme ci, comme ça, Monsieur... L'avant-dernier a encore bien mis trois mois, le dernier deux.

— Deux ou trois mois, en effet, c'est un peu long... Eh bien, mon ami, veuillez enseigner de ma part à votre maître un moyen de s'enrichir qui serait plus rapide encore.

— Un moyen qui...

— Oui, mon ami... Mon Dieu, rien de plus simple... Dites-lui tout bonnement de se poster un matin au coin d'une des rues les plus fréquentées de Paris, et là, — avec le concours de tous ses garçons, — de prendre de vive force la bourse de chaque passant... Le soir même il aura de quoi se retirer dans ses terres... Adieu, mon ami... manquez pas de faire ma commission.

Sur quoi M. Personne paya, puis, avec un salut plein d'urbanité, prit congé du garçon, ahuri et béant.

XII

L'HOTEL-GÉANT

En l'an 1901, Paris avait rompu ouvertement avec les mesquines traditions d'un autre siècle, — spécialement en ce qui concerne les établissements destinés à héberger les provinciaux et les étrangers de passage.

On avait compris que pour une cité de soixante et quinze lieues de tour, il serait honteux de s'en tenir, sous ce rapport, à ces piètres bicoques, larges comme la main, qui s'étaient appelés l'*Hôtel du Louvre* ou — celui-là probablement par antiphrase, — le *Grand Hôtel*.

On avait donc élevé sur plusieurs points des hôtels d'une réelle importance.

Le dernier, — et le moins indigne d'une capitale qui se respectait, — était l'*Hôtel-Géant*.

L'Hôtel-Géant occupait — dans le quartier le plus central de Paris, — l'emplacement de ce qui avait autrefois été la ville de Versailles.

Après avoir fait démolir toutes les masures, raser les arbres et combler les pièces d'eau, qui rappelaient l'époque arriérée de Louis XIV, une compagnie anglo-asiatico-océanienne avait édifié, en leurs lieu et place, un magnifique quadrilatère de pierre de taille, qui comptait, sur chaque côté, trente-trois mille fenêtres de façade.

Le tout, divisé en appartements et chambres meublés.

Afin qu'aucun confort ne manquât aux habitants de l'Hôtel-Géant, il avait à l'intérieur ses abattoirs, son usine à gaz, ses églises de tous les cultes, son hôpital — et son cimetière.

Toutes les commodités de la vie, — y compris la mort!

Dans le principe, un chemin de fer avait été institué à chaque étage pour transporter les habitants de l'hôtel jusqu'à leur domicile respectif. Mais plusieurs rencontres ayant eu lieu entre des trains de locataires, on avait depuis peu adopté un nouveau système.

Celui-là consistait en tubes atmosphériques brevetés, dans lesquels, en un seul coup de tampon, chaque personne était presque instantanément transportée.

Système vraiment ingénieux dont l'auteur était mort de misère, mais dont l'exploiteur était en train d'encaisser de formidables bénéfices.

Ce fut à l'Hôtel-Géant qu'un omnibus hélicoptéroïdal déposa, — quatre minutes après son dîner exorbitant, — M. Personne et Médor, son compagnon.

4.

Une centaine de messieurs en costume de cour stationnaient sous le porche principal.

C'étaient les domestiques de planton.

M. Personne hésitait à aborder un de ces inconnus, infiniment mieux vêtus que lui et qu'il prenait pour des personnages de distinction.

Mais l'un d'eux s'avançant :

— Un appartement pour Monsieur!... Est-ce quelque chose de confortable?... Dans les six mille francs la journée... Non ! une simple chambre alors !... Dans les prix doux... Je vois ce qu'il faut à Monsieur... Notre meilleur marché... cinq cents francs par jour... Il suffit... Un voyageur à 500... Enlevez pour le corridor du sud, dixième poteau kilométrique, seizième étage... numéro 124935... Enlevez! Boum !...

En même temps le domestique à frac brodé souffla dans une cornemuse assez semblable à celles dont les employés des chemins de fer se servaient au xixe siècle.

Une trappe bascula sous les pieds de M. Personne, qui avant seulement d'avoir eu le temps d'approuver ou de refuser, se trouva lancé par une puissante force de projection dans un tuyau dont l'issue aboutissait à la chambre 124935, seizième étage, corridor du sud, dixième poteau kilométrique.

Aussitôt qu'il eut touché le plancher de cette chambre, machinée comme les dessous d'un théâtre de féeries, une mécanique le débarrassa en un clin d'œil de son chapeau, de son parapluie, de son paletot, — bref, le déshabilla complètement.

Un second mouvement du mécanisme le déposa sur son lit, un troisième ramena les couvertures, un quatrième fit dérouler du plafond un gigantesque roman feuilleton en cent dix parties.

C'était le dernier mot de la contrainte au sommeil.

Impossible de résister, il fallait dormir. Ce que, — en sage qu'il était, — se résigna à faire M. Personne.

XIII

COIN DE BUDGET

Le lendemain le héros mystérieux, que notre récit a rencontré un peu brusquement en plein pavé parisien, était debout au point du jour.

Il reprit prestement ses vêtements, qui avaient été nettoyés par une *brosseuse électrique,* tâta avec empressement l'épaisseur de son habit comme pour s'assurer de la présence de quelque objet de valeur, décousit la doublure, en retira une liasse de papier, et s'asseyant devant le bureau qui décorait son domicile :

— Cent mille... deux cent mille... trois cent mille... cinq cent mille... un million !

Je suis en tout et comme unique ressource possesseur d'un million, que j'ai là en billets de banque, et que je suis parvenu à soustraire à toutes les recherches...

Au prix où est la vie parisienne, c'est juste de quoi vivre un mois environ.

Peut-être deux à force de privations.

Puis après la misère !

Il faut donc que, d'ici à dix jours, j'aie trouvé un moyen de subsistance quelconque.

Allons ! allons ! du courage !

Et pour commencer les économies, quittons cet hôtel, cherchons dans quelque quartier isolé une mansarde où j'installerai un lit pour le nécessaire et une chaise pour le superflu... En noyer, bien entendu.

Avec un million il ne faut pas prétendre à s'offrir le luxe de l'acajou...

Allons!

M. Personne replia en paquet ses billets de banque, replaça le paquet dans la doublure de son habit, solda les 500 francs dont il était redevable pour la nuit qu'il avait passée, plus cent francs au domestique en frac et gagna la rue.

Mais au moment où il posait le pied au dehors :

— Ah! mon Dieu!..... Et Médor?..... Médor! Médor!...

— Est-ce que c'est votre chien que vous cherchez? intervint le domestique narquois.

— Oui, mon ami.

— Ah! bien, ce n'est pas la peine... Je me suis trompé, et je l'ai expédié avec les colis d'un voyageur américain qui vient de partir... A cette heure il doit être déjà à New-York, votre caniche.

Puis tout bas :

— De quoi! Faudrait-il pas avoir des attentions

pour un cancre qui vous donne cinq louis de pourboire... Il est bon là, l'homme aux yeux verts !

Heureusement pour le drôle l'homme aux yeux verts ne l'entendit pas.

Il était comme absorbé par de tristes réflexions.

Enfin, faisant un effort et secouant la tête :

— Pauvre Médor !... Décidément à Paris il est impossible de garder un ami... même à quatre pattes !

XIV

LA LIGUE IMMOBILIÈRE

Une mansarde dans quelque coin !

La chose était aisée à dire, — mais infiniment plus malaisée à trouver en l'an 1901.

Les propriétaires, en effet, — avec une sagacité qui a toujours honoré cette estimable corporation, — s'étaient tenu le raisonnement suivant :

— D'après les statistiques les plus unanimes,

le nombre des citoyens, jouissant d'une aisance médiocre, est cent mille fois plus grand que celui des citoyens riches ; celui des citoyens pauvres est cent mille fois plus grand que celui des citoyens jouissant d'une aisance médiocre.

Donc... nous allons fabriquer tous nos immeubles, comme si la population entière se composait exclusivement de citoyens riches.

Cette judicieuse combinaison ne peut manquer de produire les plus heureux résultats dans l'intérêt des masses.

Car, voyant qu'ils ne trouveront plus où se loger, les pauvres seront bien obligés de s'arranger pour s'enrichir...

Ils avaient en conséquence fait bâtir des palais où tout avait été sacrifié à l'apparence.

Grâce aux progrès de l'industrie qui, au vingtième siècle, s'appliquait uniquement à trouver des procédés de falsification, ils avaient édifié des maisons à vingt étages, construites en imitation de pierre, avec des planchers en imitation de fer, recouverts d'imitation de bois, et des murs enjolivés du haut en bas d'imitation de dorures.

C'était fragile, mais clinquant.

Il n'en fallait pas davantage pour servir de prétexte aux plus exorbitants loyers.

Que pouvaient souhaiter de plus des cœurs de propriétaires ?

Par une représaille naturelle, il n'était venu loger dans ces imitations de palais que des imitations de rentiers, ayant une imitation de fortune, et payant leur terme avec une imitation de régularité.

Mais les propriétaires n'avaient pas voulu en démordre, et maintenaient leurs prix dérisoires avec une obstination, — digne d'un plus mauvais sort.

Ils avaient même formé, à cet effet, une association connue sous le nom de *Ligue Immobilière*, association dont chaque membre s'engageait, par les plus violents serments, à ne jamais diminuer un locataire, et à l'augmenter toutes les fois que l'occasion ne s'en présenterait pas, — mais serait possible à faire naître.

L'autorité, qui interdisait scrupuleusement, et sous les peines les plus sévères, à tous les ouvriers de se réunir, — ne fût-ce qu'au nombre de deux, — pour solliciter une élévation de salaire, avait, par un arrêté plein de sollicitude, reconnu la *Ligue Immobilière* comme institution d'utilité publique.

Vous ne serez donc pas surpris, qu'en un tel état de choses, M. Personne ait déjà fait depuis le matin, — tant à pied qu'à l'aide des moyens de locomotion en usage, — une soixantaine de lieues, à travers les divers quartiers de Paris, le tout sans pouvoir rencontrer quatre murailles et un plafond pour abriter sa tête.

Les hasards de cette recherche l'avaient un peu éloigné du centre de la capitale.

Fatigué, et presque découragé, il suivait d'un pas traînant le 14,976e boulevart, conduisant de l'Arc de Triomphe de l'Étoile au faubourg de Pontoise. — On nommait ainsi l'arrondissement de Paris formé par l'annexion récente de l'ancienne ville de ce nom.

Bien que l'extrémité de ce boulevard ne fût percée que depuis huit jours, il était déjà dans toute son étendue planté, terminé et éclairé au gaz.

Une soixantaine de maisons y avaient même été élevées depuis l'avant-veille par les procédés de construction instantanée d'un ingénieur breveté, s. g. d. g.

Une de ces maisons frappa M. Personne par son aspect modeste, relativement à tout ce qu'il avait vu ; et résolu, en désespoir de cause, à tenter une dernière épreuve, il obéit à l'invitation d'un écriteau qui lui disait :

APPARTEMENTS A LOUER.

PRÉSENTEMENT

S'adresser...

XV

MONSIEUR LE GOUVERNEUR

M. Personne, en pénétrant dans la maison neuve du boulevard de Pontoise, chercha vainement une indication qui pût lui apprendre à qui il devait, — comme le disait l'écriteau — *présentement s'adresser*.

Il aperçut seulement dans un magnifique salon, situé au rez-de-chaussée à droite en entrant, un domestique en livrée, occupé à épousseter deux superbes potiches japonaises placées sur un meuble de Boulle.

Guidé par la livrée, et induisant naturellement de ce costume qu'il avait affaire à un portier de maison bien tenue :

— Pardon, monsieur, dit-il, c'est vous qui êtes le concierge ?...

Le domestique bondit, comme s'il eût été piqué par un aspic, se redressa en posant le bout de son plumeau sur sa hanche, et toisant l'impertinent qui venait de se permettre un pareil blasphème :

— Qu'appelez-vous concierge, l'homme? Apprenez que mon maître a fait encore la semaine dernière condamner, pour diffamation, un malotru qui lui avait en public donné ce nom insultant!... Concierge!... Vous êtes heureux qu'il ne vous ait pas entendu!

— En vérité?

— Concierge !...

— Croyez que je n'avais aucune intention blessante...

— Concierge!...

— Veuillez m'enseigner alors quel titre je dois donner à la personne qui ici a pour fonction de causer avec les étrangers, de recevoir les communications du facteur et d'imprimer au cordon de sortie les secousses nécessaires.

— Le titre de gouverneur.

— Alors, je désire parler au gouverneur.

— A monsieur le gouverneur.

— A monsieur le gouverneur, soit!

— Il est occupé, — c'est son lundi.

— Plait-il?

— Je vous dis que c'est son lundi. Il reçoit ce jour-là. Si c'est quelque chose que je puisse lui transmettre.

— J'aurais voulu...

— Préférez-vous entretenir le greffier de M. le gouverneur?

— Ce serait pour une location.

— Une location. Rédigez une demande d'audience à M. le gouverneur, je la lui porterai, et s'il juge à propos de se déranger, je vous introduirai dans son cabinet de travail.

— Une demande d'audience pour être admis à visiter un local que je veux louer ?

— L'étiquette est pour tout le monde... Il y a sur la table des imprimés tout prêts... Remplissez-en un, sinon...

— Je remplis, monsieur le valet de chambre de monsieur le gouverneur...

Au bout d'une demi-heure d'attente environ, le domestique de monsieur le gouverneur vint dire que son maître consentait à accorder cinq minutes de conversation.

On introduisit M. Personne dans un cabinet garni d'objets d'art, de bronzes de prix et de tableaux de maîtres.

Tout cela provenant de cadeaux imposés aux locataires.

Car l'usage, qui prélevait dans le bon vieux temps la dîme de la bûche sur chaque voie de bois, avait été étendu, et c'était maintenant sur chaque déménagement que M. le gouverneur avait droit à un objet qu'il choisissait lui-même.

M. le gouverneur fit à son futur administré un petit signe de la main, prit son pince-nez et sifflotant un air d'opérette :

— Vous avez l'intention d'être admis à habiter chez moi ?

— J'ai l'intention, répondit M. Personne, de vous admettre à me loger.

— La première formule est la seule conforme aux règles de la hiérarchie sociale, et je ne tolère que personne empiète sur mes prérogatives.

— Qu'à cela ne tienne, monsieur le gouverneur, je souhaite seulement que Votre Excellence me dise ce qu'elle a à louer pour le moment.

— Au onzième sur la cour, trois pièces en comptant la cave... plus une chambre de bonne dans les combles... trois cent quatre-vingt-dix mille francs.

—Et en ne prenant que la chambre de la bonne ? demanda M. Personne.

M. le gouverneur fixa son pince-nez, pour s'assurer qu'on ne se moquait pas de sa Grandeur.

— En ne prenant que la chambre de la bonne ? répéta notre ami avec son flegme imperturbable.

— C'est donc sérieusement que...

— Que je n'ai pas trois cent quatre-vingt-dix mille livres à vous offrir tous les douze mois... trop sérieusement, hélas !

— Au fait, murmura M. le gouverneur se parlant à lui-même, les locations deviennent si difficiles... ce sera autant de pris...

Puis tout haut :

— La chambre de bonne seule quatre-vingt-dix mille francs.

— C'est un peu cher.

— Un peu cher ! dans un quartier comme le nôtre...

— Un quartier légèrement éloigné, objecta M. Personne.

— Éloigné!... Le boulevard de Pontoise!... quand vous êtes à quarante-huit kilomètres de la place du Palais-Royal! Une promenade!

— Je ne dis pas non.

— Sans compter que vous avez à une lieue d'ici une place de fiacres à vapeur, à deux lieues l'omnibus électrique américain et les cabs aérostatiques...

— Voilà qui est en effet bien commode!

— Et un air, monsieur!

— L'air est bon?

— Si l'air est bon!... Mais vous êtes presque à la campagne... De la fenêtre à tabatière de votre chambre vous découvrez à onze kilomètres d'ici une maison qui a un jardin... Trouvez beaucoup d'endroits à Paris où l'on ait une vue pareille!

— Est-ce que ce sont des arbres naturels? questionna avec une parfaite bonhomie M. Personne.

— Certainement... Si vous y tenez, nous vous les garantirons tels dans votre bail.

— Ce considérant me décide... si vous voulez avoir l'obligeance de me faire visiter cette chambre...

M. le gouverneur sourit avec indulgence, comme un homme qui voit un Iroquois commettre une monstruosité dont il ne comprend pas la portée et appelant son greffier :

— Vous allez, je vous prie, informer Jean que j'autorise monsieur à se faire conduire par lui... Après quoi vous reviendrez me lire votre rapport quotidien sur la conduite de mes locataires.

Le greffier s'inclina profondément et emmena M. Personne, qui, à son tour, s'inclina devant le greffier.

XVI

L'INTERROGATOIRE

— Maintenant, mettez-vous là, enjoignit le concierge-gouverneur à M. Personne, quand celui-ci fut redescendu de son ascension aux combles, où se trouvait la chambre qu'il voulait occuper. Nous disons donc que la location vous convient ; nous allons voir à présent si vous convenez à la location. Mon greffier va prendre par écrit note de vos réponses.

— Diable! remarqua M. Personne, vous me traitez comme un coupable... Est-ce parce que je commets la faute de venir habiter chez vous?

M. le gouverneur daigna sourire à cette observation, et, poursuivant l'interrogatoire :

— Vous n'avez pas de papiers?
— Des papiers? non! répondit M. Personne avec une nuance d'embarras... Mais comme la chambre n'en a pas non plus...
— Alors vous paierez trois ans d'avance. Vous n'êtes pas marié?
— Non.
— Vous n'avez pas d'enfants?
— Non.
— De chiens?
— Non.
— D'oiseaux?
— Non.
— De fleurs?
— Non.

— De meubles ?

— Non.

— Comment, non !... Je voulais vous demander au contraire si vous avez un mobilier.

— Puisque je paie trois ans d'avance.

— Cela ne suffit pas, vous en paierez quatre.

— Quatre, soit !

— Vous ne jouez d'aucun instrument ?

— Dieu, merci !

— Vous ne chantez pas ?

— Quelquefois.

— C'est un tort.

— Mais tout bas.

— Pourvu que je n'entende rien !... Il suffit; l'examen oral vous ayant été favorable, vous êtes reçu locataire.

— Ah ! monsieur le gouverneur ! croyez à ma reconnaissance éternelle pour l'honneur que vous m'accordez, — payable d'avance, fit M. Personne avec sa raillerie imperturbable.

XVII

LE CODE DU LOCATAIRE

— Une minute! exclama M. le gouverneur en voyant que son administré allait lever le siége.

— Qu'y a-t-il donc encore?

— Je vais avoir l'avantage, — et il ôta la calotte de velours qu'il avait gardée jusque-là, — je vais avoir l'avantage de vous faire connaître, pour terminer, les clauses du *Code* rédigé par son

Altesse le propriétaire de cette maison. Veuillez vous tenir debout pendant cette lecture.

Et M. le gouverneur commença :

CODE DU LOCATAIRE

REVU, CORRIGÉ ET CONSIDÉRABLEMENT AUGMENTÉ

PRÉAMBULE

« A une époque tourmentée comme la nôtre, à une époque où les principes les plus sacrés sont foulés aux pieds, où tout respect est méconnu, il importe de rétablir et de reconstituer, sur des bases solides, la discipline locative.

» Nous Dominique-Ustazade Vautour, descendant de la plus illustre comme de la plus antique souche de propriétaires; représentant auguste et patenté du droit du plus riche,

» Avons décrété et décrétons, dans la plénitude de notre despotisme :

PARAGRAPHE PREMIER

» Tout locataire est un être physiquement comme moralement inférieur à son propriétaire. Il nous doit par conséquent vénération et obéissance.

§ II

» Tout locataire de notre maison devra, au préalable, subir un examen oral en présence de nos délégués.

§ III

» Dans cet examen, les questions préliminaires ayant été traitées à fond, il est inutile d'y revenir ici, et il reste entendu que notre locataire est agréé sans femme, enfants, chiens, pianos ni autres accessoires domestiques.

§ IV

» Notre locataire, avant de prendre possession

du local que nous avons la bonté de lui louer dans notre immeuble, devra s'engager par acte notarié à ne contracter aucun mariage ultérieur, d'où pourraient résulter des infractions au paragraphe précédent.

§ V

» Comme il est reconnu qu'un décès attriste un immeuble, et peut en diminuer la valeur en en faisant soupçonner la salubrité;

» Qu'en outre, la pose des tentures funèbres embarrasse les abords de la propriété et peut, à cause des clous qu'elle nécessite, détériorer les murailles;

» Notre locataire sera tenu, avant d'entrer, de se soumettre à l'examen d'un des médecins-chirurgiens de l'association des propriétaires-unis, dite *Ligue Immobilière*, lequel médecin constatera que son parfait état de santé ne peut inspirer aucune crainte de mort prochaine.

§ VI

» Par suite des considérations énoncées au précédent paragraphe, dès qu'un locataire tombera malade dans notre maison, nous serons autorisé à le faire transporter de droit au plus voisin hôpital.

§ VII

» Tout locataire qui prononcera les mots de *réparation* ou *diminution*, sera, pour ce seul fait, et de plein droit, expulsé de notre propriété.

§ VIII

» Lorsqu'il nous plaira de visiter notre propriété, nos locataires devront, debout et nu-tête, faire la haie dans notre cour, à l'entrée et à la sortie.

§ IX

» Nos locataires devront en outre nous envoyer

un bouquet et un cadeau le jour de notre fête et le jour anniversaire de notre naissance.

§ X

» En envoyer un à notre épouse le jour de la fête et de la naissance d'icelle.

§ XI

» Ainsi que le jour de la fête et de la naissance de nos enfants, petits-enfants, oncles, tantes, neveux, nièces, cousins, cousines et autres parents à un degré quelconque.

§ XII

» A cet effet, il sera remis à chacun de nos locataires, lors de son entrée dans notre immeuble, une liste complète avec noms et adresses, de tous les membres de notre auguste famille.

§ XIII

» Des cadeaux nous seront également dus par eux, à l'occasion du jour de l'an.

§ XIV

» Tous ces cadeaux seront réglés et tarifés d'après une échelle proportionnelle annexée à tous nos actes de location.

§ XV

» Nous nous réservons le droit d'ajouter, au fur et à mesure que nous en découvririons la nécessité, de nouvelles dispositions à celles ci-dessus relatées.

§ XVI

» Notre gouverneur et sa femme sont chargés

solidairement de veiller à la stricte exécution du présent arrêté.

» Fait en notre résidence de Paris,

» Dominique-Ustazade Vautour. »

— Voici, monsieur, fit le gouverneur-concierge, en remettant le *Code du Locataire* dans un tiroir et sa calotte de velours sur sa tête... Vous pouvez vous vanter d'avoir affaire à un propriétaire accommodant, comme on n'en voit plus guère !

— Je serais même porté à croire qu'on n'en a jamais vu de pareil, acquiesça M. Personne.

— Maintenant signez, ordonna le concierge-gouverneur sans soupçonner la possibilité d'ironie cachée dans ces paroles... Hein?... qu'est-ce que vous mettez là ?

— Personne !

— Comment, Personne !

— Sans doute. Je m'appelle ainsi... Ah ! ah !... c'est très-drôle... cela les étonne tous !... Parbleu, oui! j'avais un autre nom... un nom noble... Un jour... c'est très-drôle... ah! ah! ah!...

Et l'homme aux yeux verts répéta, en éclatant de rire, le récit que vous lui avez déjà entendu faire.

Décidément le souvenir de ses malheurs avait la propriété de l'égayer.

XVIII

LE RÈGNE DE L'ANNONCE

Fidèle à son programme, — et en homme qui n'avait pas de temps à perdre, — M. Personne, une fois installé, résolut de se mettre aussitôt en campagne.

Mais à qui s'adresser?

Ce point d'interrogation n'était pas précisément d'une facile solution pour quelqu'un qui ne possédait, — comme il l'avait dit lui-même, — d'autre protection que la sienne.

Heureusement, le soleil de l'annonce luisait pour tout le monde en l'an de grâce 1901.

On ne pouvait même faire un pas sans que ses rayons vinssent vous tirer l'œil au passage.

Non plus d'après les systèmes routiniers de l'ancien temps, mais sous les formes les plus imprévues.

En effet, la cherté des terrains ayant rayé de la surface de Paris toute muraille inutile, l'affiche d'autrefois avait été obligée de s'ingénier pour trouver un refuge.

Elle en avait cherché vingt.

D'abord les trottoirs qui avaient été métamorphosés en agents de publicité !

Une compagnie avait affermé l'entreprise colossale des *Bitumes-réclames*.

A toute personne qui avait besoin de faire annoncer quoi que ce fût, la compagnie des *Bitumes-réclames* louait un certain nombre de décimètres carrés, dans lesquels on incrustait, par un procédé particulier, des lettres mobiles et incassables, qui proclamaient la supériorité de tel ou tel magasin, de telle ou telle affaire.

Paris, de cette façon, n'était plus pavé que de bonnes inventions.

Puis étaient venues les *Voitures-annonces*, fourgons gigantesques dont on tapissait les parois extérieures des avis les plus divers.

Puis bien d'autres choses encore.

Mais ce qui avait en dernier ressort et le plus sûrement conquis la vogue, c'était le système des *Hommes-affiches*.

Il est juste d'avouer que l'homme-affiche était une admirable combinaison.

On avait du même coup l'affirmation et la preuve, la promesse et la démonstration.

Aussi, rencontrait-on à chaque pas ces affiches vivantes.

Celui-ci se promenait en portant sur son épaule un morceau de bois terminé par une pancarte ainsi conçue :

LE MEILLEUR CHOCOLAT

EST

LE CHOCOLAT PARRON !

« Pour vous en convaincre, regardez-moi :

» Voilà dix ans que je me nourris exclusivement de ce précieux comestible.

» Or, depuis dix ans je n'ai jamais su ce que c'était qu'un embarras gastrique, qu'une pituite, qu'une indisposition !

» Je donne cinq cent mille francs à la personne qui me prouvera qu'elle est plus fraîche et plus robuste que moi !

» Messieurs les docteurs en médecine et autres gens de l'art, figurant dans l'aimable société qui passe autour de moi, sont à même de m'examiner, et de s'assurer que ce délicieux aliment m'a donné la santé et la force. »

LE MEILLEUR CHOCOLAT

EST

LE CHOCOLAT PARRON!

Celui-là, vêtu avec élégance, tenait un écriteau où on lisait :

Arrêtez!!! Arrêtez!!!

AH! AH!... AH! AH!... AH! AH!...

« Mais c'est admirable! mais c'est incroyable! mais c'est invraisemblable !

» Avez-vous jamais vu un homme aussi bien mis que moi?...

» NON !

» C'est le *nec plus ultrà*!...

» Pourquoi ?...

» Parce que je suis habillé par la maison des HUIT NATIONS, confections, vêtements sur mesure, habit de ville et de soirée.

» Le tout à des prix RIDICULES DE BON MARCHÉ.

» Et ne supposez pas que ce soit de la camelotte.

» Jamais votre tailleur ne vous a donné des étoffes pareilles.

» Si vous en doutez, approchez-vous, palpez le velours de mon paletot.

» Pendez vous aux basques de mon habit.

» La MAISON DES HUIT NATIONS constitue cinquante mille livres de rente, par devant notaire, à celui qui aura fait craquer une de mes coutures !... »

Ce troisième avait son chapeau surmonté d'un écusson ainsi formulé :

J'AI UN RATELIER !!!

» Vous ne vous en seriez jamais douté ; mais j'en ai un.

» Me défigure-t-il ? Non !

» M'empêche t-il de sourire gracieusement ? Non ?

» Me gêne-t-il pour manger ? Non !

» Mille fois non !

» C'est qu'il sort des ateliers de l'illustre Dargentigny, le prince des mâchoires. »

———

Du reste, il n'y avait pas que des hommes, il y avait aussi des femmes-affiches.

L'une était couverte de falbalas tapageurs, tous étiquetés comme un étalage de magasin de nouveautés, — de sorte que sur sa robe on lisait :

POULT DE SOIE

DES

MAGASINS DES SIX MAGOTS

Sur sa capote :

MADEMOISELLE ELVANGINA

MODES ET COIFFURES

Et cœtera.

L'autre avait, au-dessus de sa tête, une enseigne adroitement attachée au chapeau.

L'enseigne s'exprimait en ces termes :

J'EN SUIS SURE!!!

« En me voyant, vous vous êtes dit : *Quelle jolie blonde!*

JE NE SUIS PAS BLONDE

» J'ai les cheveux teints avec la divine Teinture du Paradis, de M. Lamandier, chimiste breveté par plusieurs têtes couronnées... »

Chaque spécialité avait ainsi ses prospectus ambulants, dont les allées et venues offraient le coup d'œil le plus grotesque qu'il fût possible d'imaginer.

Si grotesque, que M. Personne, — qui décidément n'était pas au courant des mœurs parisiennes, — écarquillait les paupières et se retournait avec stupéfaction, toutes les fois qu'il faisait une nouvelle rencontre de ce genre.

Mais tout à coup il s'arrêta droit devant un individu qui s'avançait en sens inverse.

XIX

LES 100,000 HEUREUX

L'individu en question était un homme-affiche comme les autres, mais d'une spécialité différente.

L'écriteau qu'il portait sur ses épaules s'exprimait en ces termes :

J'AI FAIT CENT MILLE HEUREUX !!!

« Voulez-vous un emploi facile et lucratif?

» Adressez vous à

MOI !

LE SEUL DANS PARIS !

» Littérature, finances, administration, commerce, industrie, ponts-et-chaussées, — et généralement tout ce qui concerne les états des autres, je tiens tout au plus juste prix.

» Par mes relations dans les cinq parties du monde, je suis à même de fournir immédiatement la situation qu'elle désire à toute personne qui aura confiance en mon intermédiaire.

» Demandez, faites-vous servir ! ne craignez pas de m'adresser la parole !

» Mon affabilité et la distinction de mes manières sont avantageusement connues dans le monde entier.

» *Emoluments depuis un million jusqu'à un milliard !* »

A QUI LE TOUR ?

La rédaction de cet hyperbolique factum et les

promesses sonores qu'il énumérait emphatiquement avaient, — on le comprendra du reste, — attiré l'attention de M. Personne.

Il en avait fait la lecture avec d'autant plus d'intérêt que cette alléchante réclame correspondait précisément à ses vœux secrets.

Cependant, — avec la sage réserve que nous lui connaissons, — l'homme aux yeux verts n'aurait peut-être pas osé aborder cet étrange personnage, si celui-ci n'eût pris les devants.

Doué du flair propre à cette sorte d'industriels, le courtier aux cent mille heureux avait deviné un client possible.

Pas si sot que de lâcher la proie qui s'offrait !

Aussi, plein d'un empressement obséquieux, il salua d'un sourire engageant M. Personne, et mettant dehors toutes les ressources de la persuasion :

— Monsieur m'appelle ?
— Nullement.

— Je m'étais trompé... n'importe! Je gage que c'est l'heureuse étoile de monsieur qui l'a placé sur mon chemin, et qu'il aura le plaisir de devoir à mon intervention la plus brillante fortune.

— Je n'ai pas besoin d'une brillante fortune... Le strict nécessaire suffirait à mon ambition.

— Le strict nécessaire!... La modestie unie au talent!... Car ce front développé, ces yeux intelligents, ce je ne sais quoi auquel un physionomiste ne se méprend jamais, tout cela m'affirme que je n'ai pas devant moi un homme ordinaire.

— Il me semble pourtant que je suis fait absolument comme les autres.

— On ne se connaît jamais soi-même... Mais veuillez me répondre sans ambages... Vous désirez une position.

— Il est vrai.

— J'ai votre affaire.

— Mais vous ne savez pas mon...

— J'ai votre affaire, vous dis-je... Mon répertoire est universel... Êtes-vous vous médecin, je vous fournirai des malades à forfait!

— Je ne suis pas médecin.

— Avocat... Je vous procurerai des causes sur le gain desquelles je ne prélèverai que moitié pour mes honoraires.

— Pas davantage.

— Comment, pas davantage! Je suis le seul qui me contente de si modiques bénéfices.

— Je ne dis pas non, monsieur, et ce n'est pas là le sens que j'attachais à mes paroles. Elles signifient simplement que je ne suis pas plus médecin qu'avocat.

— Ingénieur, alors?

— Non.

— Commis?

— Non.

— Limonadier? J'ai des fonds superbes.

— Non...

— Mais alors, qu'êtes-vous donc et que désirez-vous?

— Je ne sais au juste ni l'un ni l'autre.

— Plaît-il ?

— La chose est de la plus scrupuleuse exactitude...

— Diantre !

— J'ai fait ces études banales qui ne conduisent à rien, parce qu'elles ont la prétention de conduire à tout.

— Je commence à comprendre.

— Je ne suis ni plus bête ni plus malin que la plupart de mes semblables. Je possède de vagues notions sur les sujets les plus divers et n'ai d'aptitudes spéciales pour aucun.

— Il suffit... Je connais votre catégorie... Autrefois on vous eût qualifié de déclassé. Aujourd'hui nous avons un nom nouveau pour cette maladie ancienne. Vous êtes ce que nous appelons *un neutre*, parce que vous n'appartenez à aucune classification, à aucun genre social.

— Neutre, soit ! Cela signifie que je ne suis bon qu'à...

— Pas si vite !... Il ne faut pas jeter ainsi le manche après la cognée...

— Pourtant...

— Du moment où vous n'êtes particulièrement inféodé à aucune carrière, toutes vous sont ouvertes également.

— Vous croyez ?

— C'est une déduction mathématique. On a vu des neutres devenir grands hommes, on en a vu mourir de faim. Entre ces deux extrêmes, il y a place pour toutes les tentatives... Mettez-vous l'orthographe ?

— Comment ! si je mets l'orthographe !

— Très-bien !... Alors, si j'ai un conseil à vous donner, c'est de vous faire homme de lettres.

— Mais je n'ai jamais écrit une ligne.

— La belle affaire ! Vous n'en aurez que mieux gardé la virginité de vos idées.

— Rien ne prouve que j'en aie, des idées.

— Si vous n'en avez pas, vous prendrez celles des autres.

— Mais les autres réclameront.

— Dans ce cas, vous répliquez. La querelle

s'envenime. Le public s'attroupe, et vous êtes célèbre avant six mois.

— C'est qu'à vous parler franc, je n'aime pas le scandale.

— L'appétit vient en mangeant.

— Je préfère ne pas manger.

— Ta! ta! ta!...

— Je vous le jure!

— Ho! ho! vous avez des principes arrêtés... Mauvais bagage.

— Monsieur, je suis votre serviteur.

— Que non pas! vous ne me quitterez pas ainsi...

— Permettez...

— Permettez, vous-même, que je fasse violence à des scrupules excessifs.

— Je ne saurais.

— Eh bien, puisque vous ne voulez à aucun prix exploiter les idées des autres, vous ne refuserez pas d'être exploité par eux. J'ai une place superbe chez un feuilletoniste. Vous ferez ses livres et il les signera. La table, le logement, le blanchissage, le...

— Il ne me convient pas plus d'être dupé que dupeur.

— Quel caractère !

— C'est le mien.

— Alors, je vois ce qu'il vous faut... Adressez-vous de ma part au journal le *Satisfait*. On y a besoin d'un rédacteur.

— Qu'est-ce que le *Satisfait?*

— Une feuille haut-placée. Vous y serez à merveille.

— Pour y faire quoi?

— Ne vous inquiétez pas de cela... On vous expliquera ce qu'on attend de vous, lorsque vous serez entré en fonctions.

— Mais...

— Essayez, que diable ! On ne vous violente pas, et vous resterez libre de vous-même.

— A cette condition...

— Parbleu... Vous présenterez simplement

au rédacteur cette carte de ma part... C'est ma maison qui le fournit depuis plusieurs années.

— Et cette carte présentée...

— Vous ferez partie de la rédaction — et vous ne me devrez que de la reconnaissance...

— Vous êtes mille fois bon, monsieur.

— Plus, soixante-quinze pour cent sur vos appointements.

— Ah !

— Pendant les dix premières années seulement.

— Seulement !

— Voici mes tarifs approuvés par la préfecture de police.

— Et ces tarifs sont les mêmes partout ?

— Non. Ils sont, je vous l'ai dit, plus chers ailleurs.

— Alors, j'irai au *Satisfait,* soupira M. Personne.

— A la bonne heure ! Touchez-moi la main...

Et le courtier étendait le bras.

—A quoi bon, monsieur, fit M. Personne, reculant d'un pas, puisque je n'ai encore rien à mettre dedans.

XX

LES JOURNAUX A VAPEUR

La presse parisienne était, en l'an 1901, loin de l'état d'enfance dans lequel on l'avait vue, pendant les soixante premières années du dix-neuvième siècle.

C'est à peine si les hommes de l'époque nouvelle voulaient croire qu'il eût jamais existé un temps barbare où les journaux, d'un format ridiculement petit, ne paraissaient que deux fois par jour, le matin et le soir.

On faisait éclater de rire les journalistes du progrès en leur parlant de ces tortues de la publicité.

Deux fois par jour !

C'est dix-huit fois qu'ils paraissaient maintenant.

Une édition par heure, de six heures du matin à minuit.

Grâce aux développements pris par la télégraphie électrique, on était ainsi renseigné presque instantanément sur tous les événements, — de quelque importance qu'ils fussent, — qui se passaient sur la surface du globe.

Un mandarin était-il à midi moins vingt écrasé par un pot de fleurs qui lui tombait sur la tête en passant sur la grande place de Pékin, le bourgeois de la rue Saint-Denis en était informé par l'édition de midi.

Le grand chef des Touaregs ouvrait-il à deux heures, au centre de l'Afrique, la session de ses chambres, son discours était à deux heures et quart livré à l'impression.

On avait, à chaque tirage, le cours de la Bourse d'Honolulu, le compte-rendu des courses de l'hippodrome de Madagascar, la chronique des salons de Tombouctou.

Naturellement, pour faire face aux nécessités de promptitude, imposées par ces tirages incessants, il avait fallu perfectionner à outrance les moyens d'exécution matérielle.

Mais, sous ce rapport, aucune feuille n'avait encore été aussi loin que le *Satisfait*, journal auquel devait se présenter M. Personne, et où il fut reçu comme nous l'allons voir.

XXI

LE *Satisfait*

Les bureaux du *Satisfait* occupaient un somptueux hôtel devant lequel on avait tout exprès percé un vaste boulevard, qui ouvrait une communication précieuse et directe entre lesdits bureaux et le *Ministère de la Presse.*

On appelait ainsi un ministère spécial et de récente création, qui avait pour but de surveiller exclusivement le monde des journaux.

Le *Satisfait*, — son titre n'en faisait un mystère à personne, — était l'organe dévoué du ministère et généralement de tout ce qui touchait à l'autorité.

Afin de rendre plus claire sa destination, il avait même ajouté à ce titre une épigraphe, composée de ces mots :

« *Ainsi soit-il !* »

M. Personne — qui, comme on sait, n'était pas au courant des choses parisiennes — ignorait complétement la spécialité approbative de ce claqueur imprimé.

Aussi se présenta-t-il avec la plus grande candeur à M. le Directeur-Gérant.

Celui-ci, examina la carte que le courtier avait remise à son protégé comme signe d'introduction, puis, d'un air bourru :

— Vous voulez entrer chez nous ?
— Oui, monsieur.
— Est-ce pour les annonces ?

— Non, monsieur.

— Alors pour le fait divers. Vous voulez être voyageur en accidents?

— Vous avez dit?

— Voyageur en accidents.

— Je ne sais pas au juste le sens de ce...

— Vous n'avez donc jamais été attaché à aucun journal?... Le voyageur en accidents est l'employé qui parcourt incessamment Paris et ses environs pour y découvrir un sinistre quelconque dont il puisse nous fournir la primeur... Le métier n'est pas mauvais...

Cinquante francs pour un suicide.

Cent francs s'il y a des détails romanesques de nature à excéder un paragraphe ;

Cent cinquante francs un accident de voitures, avec blessure légère ;

Deux cents avec blessure grave ;

En cas de mort il y a un supplément.

Pour un incendie, c'est trois cents francs et ainsi de suite conformément à un tarif proportionnel....

On peut encore se faire des journées rondelettes.

— Je ne prétends pas le contraire, monsieur, mais je préférerais un autre genre de travail.

— Serait-ce par hasard pour la partie politique ?

— J'aimerais mieux cela.

— Il fallait le dire tout de suite.. Précisément nous avons besoin de quelqu'un.

— Je suis heureux de cette coïncidence.

— C'est une affaire conclue.

— Permettez, monsieur... Mais auparavant ne désirez-vous pas me mettre à l'épreuve ?...

— A quoi bon ?

— A vous assurer si je suis capable de remplir le poste que vous m'assignerez.

— C'est inutile.

— J'y aurais tenu, car je redoute mon inexpérience.

— Soit ! si vous l'exigez absolument... Placez-vous là.

Le Directeur-Gérant du *Satisfait* désignait trois volumineux cylindres qui occupaient le coin de son cabinet.

— Que je me place là ? interrogea M. Personne surpris.

— Oui.

— Devant ces roues ?

— Sans doute.

— Pourquoi faire ?

— Pour faire un article donc !

— Un article...

— N'est-ce pas pour cela que vous êtes venu ?

— Assurément.

— Eh bien, tournez le cylindre du bas... Non, celui du milieu !

— Vous voulez que je tourne...

— Voyons, finissons-en. Je suis pressé...

— Je ne demande pas mieux que d'en finir, monsieur, mais, je crois qu'il y a entre nous quelque malentendu... Je me propose en qualité de rédacteur...

— Précisément, et je vous ai accepté comme tel... Tournez donc et dépêchons-nous...

M. Personne ne comprenait plus du tout.

— Ah ça! reprit le Directeur-Gérant, est-ce que vous ne sauriez pas par hasard en quoi consistent ici les fonctions de rédacteur?

— Elles doivent, ce me semble, consister à rédiger.

— Comment! mon pauvre monsieur?... comment, vous ne connaissez même pas les perfectionnements que le *Satisfait* a eu l'honneur d'inaugurer.

— Je le confesse.

Le Directeur-Gérant haussa les épaules.

— Mais, mon garçon, d'où diable sortez-vous?

M. Personne à cette question, rougit légèrement.

— Ne pas avoir entendu parler de..... Alors vous croyiez candidement que nous en étions encore aux errements de la routine, aux articles laborieusement arrachés au travail ingrat et interminable de la plume... C'était bon pour nos braves aïeux... Dans ce temps-là, les journalistes officieux s'évertuaient péniblement à exécuter chaque matin des variations d'éloges sur le thème gouvernemental... Dieu merci ! nous n'en sommes plus là !

— Serait-il indiscret de s'informer où vous en êtes ?

— Rien de plus simple... Un mécanicien de génie, — on peut le dire, — a été frappé de l'inutilité du mal que se donnaient nos pères pour répéter à satiété les mêmes pensées... Il a étudié la question, et a bientôt acquis la certitude que toute la politique des feuilles ministérielles se résumait à quelques centaines de formules indéfiniment reproduites. Ce fut un trait de lumière !... Ces formules, il les agença par séries, combina une superbe machine à imprimer dans laquelle elles se trouvaient toutes groupées sous différents aspects — et le *Conservateur à engrenages* fut inventé.

— Le *Conservateur à engrenages!* répéta M. Personne de plus en plus abasourdi.

— C'est l'appareil qui est devant vous, poursuivit le Directeur-Gérant du *Satisfait*. Une des merveilles de l'industrie actuelle!... Avoir trouvé un moyen de faire défendre les grands principes de l'ordre par une mécanique!... Est-ce assez beau!... Comme vous le voyez, les cylindres sont au nombre de trois.

Le premier, celui du bas, est le cylindre de l'*approbation simple*.

Il ne contient que des phrases d'une admiration réservée, comme :

« *Cette mesure qui prouve une fois de plus toute la sollicitude de l'autorité pour...* »

Le second cylindre, celui du milieu, est le cylindre de l'*éloge chaleureux*.

Des adverbes chaudement sympathiques, des adjectifs bien sentis, tels que :

« *La généreuse initiative que vient de prendre le*

gouvernement, doit puissamment contribuer à... »

Ou bien encore :

« *Ce décret, efficacement protecteur des intérêts de la société, laissera une trace profonde et durable dans l'histoire.* »

Enfin, le troisième cylindre, celui d'en haut, est le cylindre de l'*enthousiasme et des polémiques à outrance*.

On ne se sert de celui-là que dans les grandes occasions : — lorsqu'une feuille révolutionnaire a attaqué trop vivement une mesure officielle, ou quand il s'agit de faire passer un acte difficile, une guerre impopulaire.

Alors on fait feu de toutes ses métaphores, on mène à l'assaut l'arrière-garde de ses mots pompeux.

C'est dans le troisième cylindre que se trouvent les alinéas commençant ainsi :

« *Il appartenait aux contempteurs de la famille*

et de la propriété de fermer obstinément les yeux pour ne point voir les bienfaits dont les comble, etc... »

« *Notre cœur qui bat à l'unisson du cœur de la France a tressailli de joie en apprenant que...* »

Je n'ai pas besoin de vous dire qu'il convient de ménager les effets du troisième cylindre, et qu'on n'en doit jouer qu'avec réserve.

Les deux autres suffisent amplement aux nécessités de la politique courante.

A eux deux ils peuvent produire cent quarante combinaisons, formant cent quarante articles types.

En faisant jouer les crans qui sont adaptés à droite et à gauche des appareils, on obtient un nombre égal de variantes.

C'est plus qu'il n'en faut pour le public!

Pour achever de vous faire saisir ma démonstration, je vais faire une expérience devant vous.

Supposons que le gouvernement a rendu un décret qui restreint la liberté de la presse.

Je place une feuille de papier sous le cylindre du bas, et je tourne :

M. le Directeur-Gérant se mit en effet à moudre, comme un joueur d'orgue.

— Voilà, fit-il au bout d'un instant.

Et il tendit à M. Personne la feuille de papier tout imprimée.

Le *Conservateur à engrenages* y avait écrit :

« *Nous ne saurions trop applaudir à la sagesse dont vient de faire preuve, etc., etc...* »

— Supposons, reprit le Directeur du *Satisfait*, que le décret, au contraire, élargisse la liberté de la presse.

Je place une autre feuille de papier. Je tourne le même cylindre, — et voici !

La seconde feuille était imprimée à son tour.

Le *Conservateur à engrenages* disait :

« *C'est sincèrement que nous félicitons M. le Ministre de la presse du nouveau, etc...* »

M. Personne lisait stupéfait.

— Vous le voyez, poursuivit le Directeur-Gérant du *Satisfait*. Ce n'est pas plus difficile que cela... Maintenant, tournez vous-même.

M. Personne ne bougea pas.

— Mais tournez donc! que diable !

XXII

A LA FORCE DU POIGNET

M. Personne allait répondre à cette injonction réitérée, lorsqu'un rédacteur pénétra dans le cabinet du Directeur-Gérant.

Il paraissait très ému et tenait à la main un numéro de journal déplié.

— Avez-vous lu l'article que contient contre nous la onzième édition du *Progressif?*

— Non !

— Un éreintement formidable.

— A quel propos ?

— A propos de notre premier-Paris d'hier sur l'*Infaillibilité des fonctionnaires publics*.

— Donnez ?

— Ici, à la seconde colonne...

— Ah ! c'est ainsi !... exclama le directeur-gérant du *Satisfait*, après avoir parcouru les premières lignes... Ah ! ils nous provoquent ! eh bien, ils vont voir un peu de quel bois nous nous chauffons.

Ce disant, il avait d'un bond sauté sur le troisième cylindre qu'il se mit à manœuvrer.

Alors commença une pantomime assez difficile à noter. Son bras marchait, à mesure que les paroles courroucées passaient sur ses lèvres.

— Le *Progressif* ne sait pas ce que c'est que des gens de conviction...

Deux tours de cylindre.

— Ils apprendront à leurs dépens...

Trois tours.

— Que nous ne sommes pas de ces hommes politiques sans consistance, qui ne pèsent pas leurs opinions...

Quatre tours et demi.

— Je veux que tout Paris parle de notre réplique, écrite avec le cœur !..

Ici, le Directeur-Gérant du *Satisfait* exécuta un moulinet continu jusqu'au moment où, jugeant sans doute que son cœur avait assez parlé, il arrêta la mécanique.

— Ce morceau tout de suite à l'impression, dit-il au rédacteur... Nous verrons un peu si les doctrines subversives de toute société prévaudront contre l'énergie des gens de bien...

M. le Directeur-Gérant, comme pour ponctuer le mot *énergie*, frotta son épaule qu'avait réellement dû fatiguer une si éloquente réfutation.

Puis se tournant vers notre héros :

— Quant à vous, monsieur, décidément que voulez-vous ?

— Je voulais, monsieur, répliqua l'homme aux yeux verts, m'essayer dans une profession que je considère comme l'une des plus nobles, mais je vois que je m'étais abusé sur mes capacités.

— Vous vous formerez.

— Excusez-moi, monsieur, je n'aurais jamais assez...

— De talent...

— Non, de biceps pour faire un journaliste bien pensant.

XXIII

LA DÉCENTRALISATION THÉATRALE

La carrière de notre ami se trouvait ainsi brusquement interrompue avant même d'avoir commencé ; il s'en fut conter sa peine au courtier qui l'avait si malencontreusement adressé.

Mais celui-ci, que rien ne pouvait troubler dans sa sereine assurance, ne broncha pas.

— Je vous avais prévenu que les scrupules vous joueraient de mauvais tours. Vous y tenez...

à votre aise; — mais en ce cas, la politique n'est point votre fait, et vous agirez sagement en y renonçant absolument.

Plus je vous considère, plus j'acquiers la certitude que vous êtes taillé pour la littérature pure.

— Vous pensez?

— J'en mettrais ma main au feu... la critique théâtrale, voilà ce qu'il vous faut.

— La critique... mais je n'ai pas, depuis vingt ans, posé le pied dans une salle de spectacle.

— Alors, vous y trouverez de fameux changements. Là, n'est pas la question. L'*Impartial* m'a demandé un feuilletonniste du lundi. Allez-y de ma part, on vous mettra au courant de ce sacerdoce.

— J'y vais.

Il y fut en effet.

— Mon cher monsieur, lui dit le rédacteur en chef de l'*Impartial*, je ne demande pas mieux que de vous accueillir. Permettez-moi seulement de m'assurer que vous êtes en état de remplir les graves et hautes fonctions que je vous destine.

En même temps il s'approcha de M. Personne et se mit à lui tâter le pouls.

— Pas mal.... Veuillez tirer la langue.
— La langue?...
— Je vous en prie.
— Voilà !
— D'un joli rose...
— Tournez-vous maintenant... Là !...

Le rédacteur en chef de l'*Impartial* appliqua son oreille au milieu du dos de son futur collaborateur.

— Toussez.
— Mais je ne suis pas enrhumé.
— Toussez tout de même.
— Hum! hum !
— Plus fort.
— Hum ! hum ! hum ! hum !
— Le creux est bon... Respirez... Les pou-

mons solides... Constitution sèche... C'est parfait.

M. Personne, durant tout le temps de cette inspection médicale, avait paru se contraindre énergiquement pour déguiser une visible gêne. Probablement il avait ses raisons pour ne pas aimer la médecine.

— C'est parfait, répéta le rédacteur en chef... Vous vous portez à merveille.

— Vous trouvez? fit l'homme aux yeux verts avec un soupir de satisfaction.

— A merveille... C'est déjà une des qualités indispensables...

— Pour faire un bon critique?

— Mais certainement, monsieur.

— Je confesse que je ne saisis pas du premier coup-d'œil l'analogie qu'il peut y avoir entre...

— Vous ne saisissez pas... Mais il faut être de fer, mon cher monsieur, pour résister aux fatigues du métier de critique dramatique au xxᵉ siècle... Il faut défier les plus brusques changements de climats, braver les épidémies, se rire des voyages les plus effrénés. Il faut penser, manger et travailler en route. Ici, dans ce moment... A cinquante lieues, l'instant d'après... Ah! nous ne sommes plus à l'époque où le pôle des feuilletonnistes du lundi était l'Odéon.

— Il faut aller plus loin que cela? murmura M. Personne, sans prendre la peine de dissimuler sa terreur.

— Vous plaisantez!... S'il faut aller... Tenez! Regardez le programme des théâtres de ce soir... Il y a trente-sept premières représentations.

— Trente-sept!

— Une, d'un drame en 27 tableaux, à la Gaîté de San-Francisco. Une, d'un drame en 28 tableaux, à l'Ambigu de Taïti; une, d'un drame en 29 tableaux, à la Porte-Saint-Martin de Téhéran... Tout cela de M. Dennery IV, un de nos auteurs en vogue. Aux théâtres de Lima, d'Astrakan, de Melbourne et de Singapoure, ce sont des comédies nouvelles de M. Sardou III, un garçon qui débute brillamment... Aux Bouffes-Sibériens de Tobolsk, on donne la première de onze opérettes du maestro Offenbach V...

— Tout cela inédit ?

— Les auteurs l'assurent.

— Et l'on est obligé d'en parler ?...

— Mais certainement... nous n'avons pas fait la décentralisation dramatique pour rien... Vive la décentralisation !.. Avant elle, nos fournisseurs en vogue n'avaient à leur disposition qu'une misérable douzaine de théâtres... Maintenant le monde leur appartient... M. Dennery IV, dont je vous parlais tout à l'heure, fait vingt-cinq drames nouveaux par jour pour l'exportation... Ainsi des autres ! Ah ! la décentralisation est une admirable chose...

— Pour eux... acquiesça M. Personne. Mais comment peut-on rendre compte à la fois de tant d'œuvres ?

— Dans le style télégraphique... Encore un progrès... Rien d'inutile... Vingt mots pour vingt actes :

« Gennaro. — *Drame Dennery IV.* — *Enfant perdu.* — *Mère croix.* — *Traître tuer enfant.* — *Mère arrive.* — *Reconnaissance.* — *Mariage final.* — *Absurde.* — *Grand succès...* »

Après quoi l'on passe à un autre.

— En effet, je conçois qu'avec ce procédé simplifiant... Mais pour se transporter...

— Le critique de l'*Impartial*, mon cher monsieur, a son ballon-maison, avec automoteur à air comprimé, grâce auquel on fait le tour du monde en cinquante minutes.

XXIV

OU M. PERSONNE CROIT AVOIR UNE POSITION

Le rédacteur en chef de l'*Impartial* s'arrêta comme pour s'assurer que cette perspective n'effarouchait pas le nouveau venu, — qui l'écouta sans broncher.

— De mieux en mieux, reprit-il après cette pause... j'ai dans l'idée que vous ferez mon affaire... Combien avez-vous déjà tué d'hommes?
— Mais je n'ai tué personne, Dieu merci !

— Pas possible !

— Comment, pas possible !... Est-ce qu'il serait nécessaire aussi pour faire de la critique dramatique d'avoir...

— Assurément... comment voulez-vous autrement que vos appréciations aient du poids ?

— Ouais !... par leur sincérité.

— Frottez-vous-y à l'amour-propre des comédiens, des auteurs d'aujourd'hui.. Si l'on apprend que vous n'avez pas expédié en duel votre demi-douzaine de gaillards, vous recevrez cent cartels par jour.

— Pourquoi, — si je ne dis que la vérité ?

— Alors vous en recevrez deux cents.

— Je ne le crois pas.

— Et moi, je vous l'affirme...

— Eh ! bien, fit M. Personne se redressant, s'ils se présentent, je les accueillerai.

— Et si l'on vous tue ?

— Je me regretterai — sans regretter beaucoup ce que je laisserai après moi.

— Voilà qui est parler. Vous êtes un brave.

— Comme tout le monde.

— Non pas.

— Alors tant pis pour tout le monde.

— Bravo !... Vous entrerez en fonctions aujourd'hui même. Et surtout souvenez-vous que le titre de notre feuille est l'*Impartial*.

— Je le lui rappellerais au besoin... Par quels théâtres commencerai-je.

— Par ceux que vous voudrez.

— S'il en est ainsi, je vous demanderai la permission d'accorder la préférence à ceux de Paris... Histoire de me mettre en train... Le pôle nord ne perdra rien pour attendre.

— A vos souhaits.... A propos, comment signerez-vous ?

— Personne !

— Tiens ! un joli pseudonyme ?

— Ce n'est pas un pseudonyme... c'est mon nom.

— Votre nom !...

— Il est drôle, hein !... très-drôle... ah ! ah !

ah!... J'en avais un autre, on me l'a pris... ah! ah! ah!

Quand M. Personne sortit, il était encore en proie à l'accès de bizarre hilarité, que lui causait invariablement le souvenir le plus poignant de sa vie.

Singulier homme, en vérité!

XXV

PHÉNOMÈNES VIVANTS

De bien violentes surprises étaient réservées à M. Personne dans la nouvelle profession qu'il venait d'embrasser.

Car, pour un homme aussi peu au courant que lui, le théâtre, en 1901, était vraiment une mine d'étonnements sans cesse renouvelés.

Quand on n'a pas ce que l'on aime, disait un proverbe du vieux temps, il faut aimer ce que l'on a.

Le vingtième siècle dramatique en avait fait une large application.

La littérature faisant généralement défaut, il avait fallu chercher ailleurs.

Et alors on s'était rejeté, — chacun sur ce qu'il avait pu.

C'était, entre les directeurs, un perpétuel assaut d'étrangetés de tout genre pour suppléer aux défaillances du talent théâtral, et satisfaire aux dépravations du goût français.

Corneille, Racine, Molière, Victor Hugo, laissés dans un lamentable oubli, dormaient côte à côte dans la poussière des bibliothèques.

Il fallait vraiment bien d'autres piments aux palais blasés des Parisiens de la décadence !

M. Personne commença sur le champ à en acquérir la preuve, rien qu'en parcourant le programme des spectacles, que lui avait remis le rédacteur de l'*Impartial*. Les premières lignes qui frappèrent ses regards s'exprimaient ainsi :

THÉATRE DES ÉMOTIONS VIOLENTES

LA DÉLAISSÉE

MÉLODRAME

« Le rôle de la jeune première sera rempli par madeselle Lodoïska, femme à barbe justement appréciée dans les fêtes des environs de Paris. »

THÉATRE DES FANTAISIES ÉCHEVELÉES

LES MARTYRS DE L'AMOUR

« L'administration n'a rien négligé pour assurer le succès de cette œuvre originale.

» Pour ajouter à l'illusion et mieux peindre les souffrances et les ravages d'une passion malheureuse, le rôle du *martyr de l'amour* sera joué par

LE VÉRITABLE HOMME SQUELETTE

ne pesant que

28 kilos

» C'est le dernier mot de l'illusion scénique. »

*
* *

THÉATRE DU RÉALISME

LES CHEVALIERS DU POIGNARD

Pour les débuts de M. GOBINARD,

Premier sujet de la foire de Saint-Cloud.

« A dix heures et demie, la scène du duel, qui termine les brillants exercices de M. Gobinard.

» Dans ce duel, COMME ON N'EN A JAMAIS VU, M. Gobinard à la vue de tout le public

Avalera l'épée de son adversaire.

» Le prix des places ne sera pas augmenté. »

La nomenclature continuait ainsi.

L'acrobatie ayant, à ce qu'il paraît, fait fusion

avec l'art, tout le catalogue des phénomènes était au complet.

Un théâtre annonçait un géant de onze pieds, un autre une femme colosse qui entre le second et le troisième acte, passait dans la salle pour faire vérifier la sincérité de son mollet.

Un autre encore, un hercule qui cassait en scène des pavés de trente kilos.

— Pouah ! fit M. Personne, en tournant la feuille avec dégoût.

XXVI

LE ROI-TÉNOR

Mais la lecture du futur critique de l'*Impartial* fut interrompue par un tumulte soudain.

Tout le monde, hommes, femmes, vieillards, enfants, se précipitait en s'écriant.

— Le voilà ! le voilà !...

Les fenêtres s'ouvraient de toutes parts laissant apercevoir leurs habitants et leurs habitantes, dans les costumes d'intérieur les plus variés.

Les boutiquiers se tenaient sur leur porte et montaient sur des chaises pour mieux voir.

En même temps, par l'extrémité opposée de la rue, dans laquelle était M. Personne, s'avançait un char magnifique traîné par huit chevaux richement caparaçonnés.

Sur le char se prélassait, nonchalamment étendu dans la pose d'un triomphateur dédaigneux, un personnage à l'air fier et superbe, tout chamarré de bijoux et de pierreries, entouré de thuriféraires qui l'encensaient de cinq en cinq minutes.

Une cinquantaine de messieurs bien vêtus précédaient ou suivaient, en se livrant aux plus étranges manifestations.

Ceux-ci pleuraient, ceux-là priaient.

D'autres se mettaient à genoux, d'autres se roulaient dans la poussière en faisant mine de vouloir se faire écraser par les roues du quadrige triomphal.

Toutes ces contorsions étaient accompagnées de cris, de lamentations, d'instances :

— Au nom du ciel, homme immortel, écoutez-moi !...

— Je vous en conjure, homme divin, ne repoussez pas ma supplication.

— Vous faut-il de l'or ? En voici... Parlez ! combien voulez-vous ?

— Huit souverains brûlent du désir de vous voir...

— Venez avec moi !...

— Avec moi, ou je suis perdu.

— Avec moi ou je me jette sous les pieds de vos chevaux.

— Cent cinquante millions pour un sourire !

— Deux cents !

— Cinq cents !

En parlant ainsi, les messieurs bien vêtus puisaient à poignées dans de grands sacs et tendaient les bras vers le personnage du char.

Mais celui-ci, impassible, n'avait pas même l'air d'entendre.

Il continuait à sourire dédaigneusement tout

en se regardant avec complaisance dans un miroir enrichi de pierres précieuses qu'un esclave portait devant lui.

Ce que voyant, toute la foule qui garnissait les trottoirs, les fenêtres, les boutiques, joignit sa voix à celle des messieurs bien vêtus.

—Homme immortel, ayez pitié de vos humbles vassaux. Homme immortel, jetez un regard compatissant sur vos sujets prosternés.

M. Personne ne comprenait absolument rien à cette mise en scène.

Aussi, se décidant à questionner un des plus frénétiques de ces adorateurs :

— Excusez ma demande, — mais le monsieur qu'on promène sur ce char est donc un potentat?..
— Mieux que cela.
— Un prince du sang ?
— Mieux que cela.
— Un monarque ?
— Mieux que cela... Monsieur.

— Qu'est-ce donc !

— C'est un ténor.

M. Personne se figura avoir mal entendu, et pour faire répéter :

— Plaît-il ? Vous avez dit ?

— C'est un ténor, répéta le fanatique en agitant son chapeau sur le passage du char... Ou plutôt c'est le dernier des ténors.

— Comment, pour un simple chanteur, on...

— Qu'appelez-vous *simple chanteur*, répondit l'interlocuteur de M. Personne, comme indigné de ce blasphème... Le seul homme existant aujourd'hui qui soit capable de donner un *ré* de poitrine !

Le fanatique agita son chapeau avec un redoublement de passion.

— Est-ce qu'il ne serait pas possible de se passer du *ré* de poitrine ? interrogea naïvement M. Personne.

— Se passer !... Monsieur... Voici la réponse du peuple le plus spirituel. Regardez ces flots pressés où sont confondues toutes les classes sociales...

— J'ai suffisamment vu comme cela.

— Se passer de *ré* dièze ! Nous verserions plutôt jusqu'à la dernière goutte de notre sang. Oui, monsieur, récemment l'étranger a voulu nous l'enlever, nous en avons fait un *casus belli*.

— Mais vous laisseriez volontiers partir pour l'étranger un homme de génie méconnu.

— Certainement. Les hommes de génie ça se remplace, tandis que les ténors.

— Et quels sont ces messieurs qui gesticulent et se livrent à mille contorsions devant le char?

— Des directeurs de théâtre qui s'arrachent tous le précieux sujet. Mais lui, qui sait sa valeur, ne chante que quand il lui plaît, qu'où il lui plaît, que pour le prix qu'il lui plaît. Dernièrement, le souverain d'une principauté lui a offert la croix d'officier de son ordre pour venir se faire entendre à une soirée qu'il donnait à sa cour. Il a refusé, monsieur.

— Pour donner une leçon de sens commun au prince allemand, sans doute.

— Non, monsieur. Parce qu'il voulait le grand cordon!... Vive notre divin ténor! Vive le *ré* de poitrine!

— Vive le *ré* de poitrine! Vive notre divin ténor! répondit le peuple.

— Vive l'esprit français! fit M. Personne, avec un ricanement.

XXVII

LES COCOTTES DRAMATIQUES

Les premiers spécimens qui avaient passé sous les yeux de M. Personne n'étaient pas de nature à l'édifier grandement sur le compte du théâtre en 1901.

Il fallait cependant qu'il inaugurât, le soir même, sa nouvelle profession.

Reprenant donc à la fois et son courage et son programme à deux mains, il se remit à chercher dans la liste des cinq cent quatre-vingts salles de spectacle qu'on comptait à Paris, depuis qu'on y avait définitivement installé la liberté théâtrale.

Toute une série de titres singuliers vint frapper son regard.

Le journal-programme annonçait en effet :

THÉATRE DU DEMI-MONDE

CE SOIR POUR LES DÉBUTS DE MADEMOISELLE ANTONIA

LES DIAMANTS VOYAGEURS

VAUDEVILLE FANTASTIQUE.

« NOTA. Mademoiselle Antonia est celle des reines de la fashion qui possède les plus gros diamants connus.

» Au cinquième acte elle paraît avec le fameux collier qui lui a été donné par un de nos princes de la finance. »

THÉATRE DES BICHES

POUR LES REPRÉSENTATIONS DE MADEMOISELLE DE SAINT-CHIGNON.

LES RUBIS DE LA MARQUISE

COMÉDIE

« Nota. Mademoiselle de Saint-Chignon, qui défie toute concurrence et dont la réputation n'est plus à faire, est de toutes les notabilités de ce genre, celle qui a la plus éblouissante collection de rubis.

» A la scène du bal, elle en portera, sur son diadème, un qui pèse 15 karats.

» L'administration a fait faire un *fac-simile* de la facture du bijoutier qui le lui a vendu. »

THÉATRE DES COCODÈS

GRAND SUCCÈS

LES ENFERS DE L'AMOUR

ÉTUDE DE MŒURS PARISIENNES.

» Le rôle de l'Amour sera joué par mademoiselle Pichenette, dite la *Déesse du Casino-Cadet.*

» Mademoiselle Pichenette, l'une des plus belles fortunes du monde galant, se rend chaque soir au théâtre dans un coupé dont les huits ressorts sont EN OR MASSIF.

» Pendant les entr'actes le coupé sera exposé au foyer en même temps que le riche particulier qui en a fait hommage à mademoiselle Pichenette.

———

THÉATRE DU GANDINISME

. . . .

—Non, c'est impossible! murmura M. Personne en se frottant les yeux comme pour s'assurer qu'il n'était pas le jouet d'une illusion. La scène française ne saurait être déchue à ce point!

Comme pour répondre à ce doute primitif, le *Théâtre des Cocodès* lui-même se dressait précisément en ce moment devant le critique de l'*Impartial*.

Celui-ci s'approcha des affiches colossales qui en tapissaient la façade, de la toiture au rez-de-chaussée.

Ces affiches n'étaient que la reproduction textuelle de la note du journal-programme.

On y avait seulement ajouté pour mieux attirer le public, un dessin représentant le fameux coupé en or massif et le portrait du riche protecteur.

— Mais, murmura M. Personne, abasourdi; c'est de la...

Il n'eut pas le temps d'achever.

Un marchand de billets s'était approché.

— M'sieu, lui dit-il, des places moins chères qu'au bureau.

— Je ne veux rien.

— Avec le droit de toucher au coupé et de s'asseoir une minute sur les coussins.

— Je ne veux rien, vous dis-je... ou plutôt si... un simple renseignement.

Quel est cet autre monument, situé vis-à-vis, et duquel s'échappent ces clameurs extraordinaires ?

XXVIII

L'AMOUR EN COMMANDITE

— Ce monument? répondit le marchand de billets en clignant de l'œil et en haussant les épaules. Vous le savez aussi bien que moi, gros malin !

— Si je le savais, je ne vous le demanderais pas.

— Ne la faites donc pas à la candeur.

— Encore une fois...

— Eh ! bien, c'est la *petite Bourse des cœurs*, quoi !

— Comment la petite Bourse des cœurs !

— Ah ! ça, bonhomme, d'où sortez-vous ?

— D'où je sors ? répliqua vivement M. Personne, en regardant autour de lui d'un air inquiet... d'où je sors ?... que vous importe !

— C'est que, pour ne pas connaître un des établissements les plus fameux de Paris, il faut revenir d'une des cinquante planètes qu'on a encore découvertes hier, à l'Observatoire.

— Supposez qu'en effet, j'arrive d'une de ces planètes, et ayez l'obligeance de me mettre au courant.

— C'est bien simple — pardié ! — vous savez ce que c'est qu'une biche, pas vrai ?

— Par ouï dire.

— On ne vous exige pas votre confession, bon apôtre. Enfin suffit, vous le savez.

— Continuez.

— Pour lors qu'au temps qui n'est plus et qui ne reviendra pas, ces dames avaient des goûts simples qui leur permettaient de vivre modestement avec quelques centaines de mille francs par an; — et que de cette façon-là, un particulier qui avait de quoi pouvait s'offrir le privilége d'être en pied dans le sentiment d'une des princesses de la crinoline.

Quand je dis en pied, je parle pour l'apparence, et ça n'empêchait pas le braconnage qui est en dehors de la question, pas vrai?

Pour lors que, comme le prix de la soierie montait toujours et que le luxe de ce monde-là n'était pas disposé à descendre, il est arrivé tout naturellement un moment où il n'y a plus eu de capitaliste capable d'y résister.

En trois semaines, le plus gros était avalé, qu'on n'en retrouvait même pas les arètes.

Pour lors qu'une idée lumineuse a traversé la cervelle d'un homme de ressources, c'était d'appliquer au sujet susdit les bienfaits de l'association.

Sitôt imaginé, sitôt exécuté. Trois semaines après, il y avait déjà une douzaine de sociétés de formées, au capital de plus ou moins de millions.

C'est de la combinaison numéro un. Toutes ces dames sont aujourd'hui en commandite.

Cent actions donnent droit au porteur de les accompagner une fois par mois au Bois.

Deux cents actions, de paraître avec elles une fois la semaine au balcon de l'Opéra.

Trois cents actions de les mener aux courses en *four in hand*.

Comme, dans tout ça, si les marionnettes s'agitent, il n'y a que la vanité qui les mène, chacun y trouve son compte. On a été vu avec la célèbre ***, que désirer de plus?

Quant aux actions, elles ont des variations logiques, suivant les caprices de la vogue, et c'est pour en fixer le taux du jour que s'assemble la petite Bourse des cœurs.

Écoutez plutôt.

On entend d'ici.

A 119,490 les *Rosalinde!...*

A 138,000 les *Olympe au comptant!*
Qui veut cinquante Amélia, fin courant?...

Et ainsi de suite. Ça va comme sur des roulettes, sous la surveillance d'un syndicat.

Mais pardon, bourgeois, pendant que vous me faites parler, mon commerce ne va pas...

Vous avez tort de ne pas vouloir de mes places. Comme il vous plaira; je vais les colloquer à cet Anglais qui passe.

Et le marchand de billets s'élança vers l'insulaire en criant, cette fois :

— Voilà des places pour le théâtre!... *Plus* chères qu'au bureau.

L'insulaire les prit.

XXIX

UNE REPRÉSENTATION EN 1901

En désespoir de cause, et lassé de tomber de Charybde en Scylla, le critique novice de l'*Impartial* prit une résolution éperdue.

Au hasard — car il voyait qu'on ne pouvait que perdre au choix, — il marcha droit devant lui, rencontra une nouvelle salle de spectacle, et, sans savoir où il allait, les yeux fermés, entra intrépidement.

C'était le *Théâtre des Trucs Fantastiques.* — Le dernier construit sur les plans inédits d'un architecte de la jeune école.

Quelque chose de gigantesque !

La salle pouvait contenir cent cinquante mille personnes.

On était reçu à l'orchestre à cheval ou dans sa voiture.

Le *Théâtre des Trucs Fantastiques* avait en outre réalisé bien d'autres améliorations.

Renonçant au système piteux et routinier des lustres ou des plafonds lumineux, il était éclairé par un soleil électrique d'un éclat tellement puissant, que les dames étaient obligées de tenir leurs ombrelles ouvertes et les hommes de porter des abat-jour verts ou des lunettes bleues.

De même pour la ventilation.

Trop longtemps on avait gémi sur la chaleur et le manque d'aération des anciennes salles.

L'architecte de la nouvelle, à l'aide d'une pompe foulante, envoyait à toutes les places des tonnes d'air d'une telle force que, si l'on ôtait une minute son cache-nez ou ses fourrures, on contractait sur-le-champ une fluxion de poitrine.

Tout, en un mot, avait été perfectionné à l'avenant par le hardi novateur.

M. Personne avait à peine eu le temps de passer en revue quelques-uns de ces progrès stupéfiants, que la toile se leva, laissant apercevoir une scène de cinq cents mètres de profondeur.

Mais, chose singulière, à peine les acteurs parurent-ils, que les spectateurs se mirent à causer à haute voix entre eux, sans prendre le moins du monde garde à ce qui se passait sur les planches.

La plupart affectionnaient même de tourner le dos au spectacle, qui n'en continuait pas moins, — sans que l'on pût parvenir à en saisir un traître mot.

M. Personne, qui décidément marchait d'étonnements en étonnements, attendit d'abord, s'impatienta ensuite, et finit *in extremis* par se pencher vers son voisin de stalle :

— Pouvez-vous, monsieur, m'apprendre si l'on ne va pas bientôt écouter la pièce?

— Écouter la pièce?... Pourquoi faire ?

— Pour l'entendre.

— A quoi bon ?

— Mais il me semble que c'est en général pour cela que l'on vient au théâtre.

— Aux autres, mais pas à celui-ci.

— Pourquoi alors y vient-on?

— Pour le truc du chemin de fer.

— Quel truc?

— Qui est au cinquantième tableau. Vous n'avez pas vu sur l'affiche :

A DIX HEURES ET DEMIE, LE DÉRAILLEMENT.

— Voilà qui est bizarre.

— Dites plein de bon sens. Autrefois, on avait la patience, — pour voir un décor ou un truc en vogue — de consommer les interminables rengaines des faiseurs dramatiques, aujourd'hui on

vient, on lorgne, on cause, puis l'instant arrivé...
Et tenez, nous y voici !...

En effet, le plus grand silence venait de se rétablir dans la salle, et tout le monde se rassit :

C'était le *tableau du déraillement*.

Deux véritables trains de chemin de fer entrèrent en scène, un choc terrible eut lieu, wagons et chaudières culbutèrent, volèrent en éclat, roulèrent du haut d'un pont de cent pieds d'élévation.

Il était impossible de pousser plus loin le réalisme.

Sifflements, cris des mourants, rugissements des chaudières brisées, tout y était.

Le public enthousiaste battit des mains, rappela le décor, le décorateur, le directeur ; — puis, au moment où la pièce allait reprendre son cours, chacun gagna avec précipitation la sortie.

La représentation s'acheva devant le souffleur et les ouvreuses.

XXX

PAS DE CAMARADERIE

— Eh bien! fit le rédacteur en chef de l'*Impartial* en voyant le lendemain arriver son critique, sommes-nous entré en matière?

— Hier au soir.

— Parfait...

— Je n'en dirai pas autant de ce qui se passe dans le monde où je fais mes premiers pas.

— Tant mieux, morbleu! Vous savez que je

vous l'ai dit : Pas de camaraderie ! Soyez impitoyable.

— Je le serai, car l'indignation me monte aux lèvres quand je songe aux navrants témoignages de décadence, de démoralisation, de dépravation du goût que je heurte à chaque étape nouvelle.

— Superbe ! Imprimez-moi cette tirade-là bien vite.

— Je l'imprimerai.

— Et vous aurez raison. Pas de pitié !

— Vous pouvez vous en rapporter à moi.

— Ce qui ne m'empêche pas d'insister et de vous répéter : «L'*Impartial* est la tribune de la vérité. Frappez d'estoc et de taille. Frappez sans miséricorde. »

— Je frapperai.

— A propos, à quel théâtre êtes-vous allé ?

— Au *Théâtre des Trucs Fantastiques*.

— Ah ! ah !

— Qu'on devrait plutôt appeler le théâtre des locomotives.

— Oui, je sais... A cause de... C'est égal, mon

cher, ne soyez pas trop dur pour le directeur, c'est un de mes amis, je dîne chez lui toutes les semaines.

— Comment! je croyais... A l'instant même vous me répétiez...

— Sans nul doute. Je vous le répète encore. Seulement, un ancien camarade de collége... Vous comprenez, c'est sacré... Mais je vous livre tout le reste.

— Soit!

— Ah! j'oubliais... Avez-vous remarqué dans un rôle de *Salière*, une petite blonde?...

— Je n'ai rien pu remarquer, par l'excellente raison qu'il était impossible de percevoir le moindre son venu de la scène.

— En effet... Mais, n'importe... La petite *Salière* blonde s'appelle Irma... Vous serez gentil pour elle... C'est la maîtresse d'un garçon qui est de mon cercle.

— Mais...

— Oh! je vous abandonne les autres, homme féroce.

— Vous m'abandonnez !...

— Sauf pourtant une grosse brune, qui joue la *Tabatière à musique*... Vous verrez sur le programme, je ne me rappelle pas son nom, mais je lui porte de l'intérêt, c'est la fille de la portière d'une dame chez qui je vais souvent dîner.

— Je conçois votre sympathie.

— Il y a aussi un grand maigre qui fait le *Curaçao*... avec un costume de cruchon...

— Un grand maigre ?

— Oui... Consultez le programme, et dédiez-lui un mot gracieux.

— A celui-là aussi ?

— Je connais un monsieur dont le neveu va dans un café où il fait tous les soirs sa partie de billard... Je lui ai promis de vous le recommander.

— Est-ce tout ?

— Mon Dieu, oui... Ah ! attendez donc !... Est-ce que... Si ! Parfaitement !... C'est bien là qu'est Chose... Un qui parle du nez... Chose... et puis l'autre qui zézaie... Deux garçons dont m'a parlé le rédacteur du *Réflecteur artistique*... Un confrère... Vous concevez... Il s'est trouvé avec eux à l'enterrement du contrôleur du théâtre... Du reste, je vais vous donner la liste exacte de tous ceux qu'il faut ménager.

— Ce sera plus simple...

— Voici!... dit le rédacteur en chef de l'*Impartial*... Allez vite me faire votre feuilleton... Et surtout... n'oubliez pas, en dehors de cela, notre devise: *Pas de camaraderie!* Rien que la vérité!... C'est à ce prix seulement que la critique est un sacerdoce...

— Je m'en aperçois, acquiesça M. Personne.

XXXI

POUR UN ADJECTIF

Deux jours après l'apparition de son feuilleton dramatique, où, non sans rougir de sa faiblesse, il avait dithyrambé en l'honneur de la petite blonde, de la grosse brune, du grand maigre, de celui qui zézayait, et de tous les autres, M. Personne venait de s'éveiller.

Après avoir, — innocente distraction, — rêvé campagne en regardant de sa fenêtre à tabatière le jardin qu'on apercevait à sept kilomètres, il se disposait à s'habiller en se livrant à d'assez pénibles réflexions sur la condition qui lui était imposée, et sur les adulations que lui reprochait sa conscience.

Trois coups frappés à sa porte l'arrachèrent à ces méditations remplies de remords.

Il alla ouvrir, et deux individus sombres, solennels, boutonnés jusqu'en haut, se trouvèrent devant lui.

— M. Personne? interrogea l'un d'eux.

— C'est moi.

— Très-bien.

Et l'orateur du duo tira de sa poche un papier.

— Vous reconnaissez avoir écrit et signé le présent feuilleton?

— Je le reconnais, soupira M. Personne humilié en revoyant cette pièce de conviction.

— Alors, monsieur, il ne nous reste plus qu'à vous faire connaître le but qui nous amène.

— Vous auriez même pu, sans inconvénient, commencer par là.

— Nous avons l'honneur, déclama l'orateur en se campant, de venir au nom de M. Rocamadour, artiste dramatique et notre ami, vous demander raison de l'outrage contenu dans le feuilleton dont vous déclarez l'auteur.

— Quel Rocamadour? Quel artiste? Quel outrage? s'écria M. Personne stupéfait.

— Vous feindriez vainement de l'ignorer. L'insulte est trop directe.

— Moi, j'ai insulté quelqu'un dans le feuilleton que j'ai écrit et qui n'est d'un bout à l'autre qu'une énorme flagornerie.

— N'ajoutez pas, monsieur, l'ironie à l'injure. Toute explication est superflue.

— Mais, pas du tout! Je tiens à savoir au moins pourquoi je vais me couper la gorge avec M. Rocamadour. Quel est d'abord ce monsieur?

— Le comédien chargé du rôle du *Curaçao*, dans...

— Le grand maigre ! exclama M. Personne, se rappelant soudain.

— Monsieur, nous n'apprécierons pas le goût de la plaisanterie que vous vous permettez en un pareil moment sur les désavantages physiques de notre ami.

— Eh ! je ne plaisante pas.

— Si la raillerie est sérieuse, elle n'en est que plus grave.

— Du diable si je raille, pas plus que je n'ai insulté.

— Monsieur, cette insistance est pitoyable... Nous avons là l'article.

— J'en suis bien aise, corbleu ! Lisez-le.

— Puisque vous l'exigez...

Le témoin majestueux déplia le journal.

— Voici le passage, monsieur, puisque votre mémoire vous sert si mal :

« *Nous terminerons...* »

Déjà ici on peut remarquer l'intention blessante. Pourquoi avez-vous rejeté M. Rocamadour à la fin ?

Évidemment pour le froisser en lui refusant une des premières places que mérite son talent.

Mais ceci n'est rien...

« *Nous terminerons en disant un mot de M. Rocamadour.* »

Un mot ! Il serait difficile de traiter un artiste éminent avec plus de dédain.

Un mot !... Là, il y a malveillance patente... Malveillance, qui va ouvertement jeter le masque dans le paragraphe suivant :

« *M. Rocamadour, que nous ne connaissions pas.* »

C'est-à-dire un inconnu... Un homme sans valeur... Le premier venu !...

Mais, continuons :

« *M. Rocamadour, que nous ne connaissions pas, est un acteur...* »

Pourquoi acteur, et non comédien ?
Toujours l'esprit de dénigrement systématique ! Toujours le venin !...

« *...Est un acteur plein d'avenir.* »

— Eh ! bien, que voyez-vous là ?
— Ce que je vois ! Tenez, monsieur, vous avez vraiment l'air de nous prendre pour des enfants.
— Moi !
— *Un acteur plein d'avenir !...* Je ne sache pas qu'il y ait un moyen plus grossier de dire à un artiste qu'il n'a, quant à présent, aucun talent, qu'il n'est qu'une ganache, qu'une masette, qu'un imbécile...
— Ce n'est pas là...
— Et vous prétendriez que les qualifications de *ganache*, de *masette*, d'*imbécile*, ne sont pas

une insulte... Que dis-je ? Ne sont pas trois insultes ?

— Mais...

— M. Rocamadour ne pouvait souffrir cet outrage... Non, vous ne traînerez pas impunément dans la boue, vous n'éclabousserez point de votre plume venimeuse une des gloires de la scène française..

— Dans le rôle du *Curaçao ?*

— Oui, monsieur, dans le rôle du *Curaçao*...

Le duel aura lieu demain à six heures du matin.

— Demain, soit, puisque vous y tenez, fit M. Personne, impatienté.

— M. Rocamadour a le choix des armes.

— Tant qu'il lui plaira.

— Et il m'a chargé de vous annoncer qu'on se battra au canon-revolver ! ! !

XXXII

A LA QUEUE!

Le duel avait eu lieu.

M. Personne avait échangé six biscaïens avec l'insulté Rocamadour, sans qu'il en fût résulté aucun inconvénient.

Après quoi les témoins avaient déclaré l'honneur satisfait.

Mais les résultats de son premier feuilleton n'étaient pas de nature à encourager M. Personne.

Aussi, comprenant, qu'entre l'arbre des camaraderies directoriales et l'écorce des amours-propres artistiques, il était absurde de mettre le doigt, le critique éphémère de l'*Impartial* envoya sa démission motivée.

C'était le problème de l'avenir qui se dressait de nouveau devant lui.

Que faire ?

Notre héros infortuné avait appris par la voix de la publicité qu'un concours aurait lieu le samedi suivant, au ministère de l'Intérieur, pour une place vacante.

Quoique M. Personne n'eût pas l'air de se sentir pour la bureaucratie une irrésistible vocation, la nécessité parlait.

Faisant donc effort sur lui-même et se félicitant du moins de voir que les places étaient livrées à la lutte des mérites, il partit pour solliciter son inscription sur la liste des concurrents.

Il était encore à environ dix kilomètres du ministère de l'Intérieur, quand de loin, il aperçut une masse compacte d'individus.

— Probablement quelques corps d'armée qui fait une promenade militaire, pensa-t-il.

Et il continua d'avancer.

Mais en avançant, il acquit la certitude que la masse compacte était complètement immobile.

Bientôt il fut tout près et put alors constater que ce qu'il avait pris pour un corps d'armée était une immense file de citoyens agglomérés, — laquelle file s'étendait à perte de vue.

Sans s'en soucier davantage, M. Personne se disposait à passer outre. Une escouade de gardes de Paris lui barra la route.

— Où allez-vous?

— Au ministère de l'Intérieur, dont je suis encore éloigné d'au moins deux lieues. Je vous prie donc de vouloir bien me laisser poursuivre mon chemin, sans quoi je n'arriverai pas assez tôt pour me faire inscrire.

— Ah! vous êtes du concours, fit un vieux sergent... En ce cas, prenez la queue.

— Pardon ! je vous répète que je n'ai pas le temps d'attendre, que je vais au ministère.

— Pour le concours, réitéra le vieux sergent ; eh ! bien vous y êtes... Mettez-vous à la queue.

— Oui ! à la queue ! à la queue !... vociféra le chœur des assistants.

— Comment !...

— A la queue ! à la queue !

— Encore une fois !...

— J'entends bien. Vous voulez vous faire inscrire dans le but de solliciter la permission d'être admis à concourir pour obtenir le titre de candidat au rang d'aspirant au grade de surnuméraire, afin d'avoir le droit d'espérer être choisi pour la onze millième place d'employé, qui viendra à vaquer dans les bureaux du ministère de l'Intérieur ?

— On ne gagne donc pas tout de suite ?

— Je n'ai pas le temps de plaisanter, mettez-vous à la suite des autres postulants ; il y en a déjà, comme vous le voyez, un longueur de vingt kilomètres sur vingt-cinq solliciteurs de front.

— Et l'heureux vainqueur du concours aura la joie de pouvoir être appointé.....

— Dans une vingtaine d'années, s'il a des protections. Que voulez-vous ! Tout le monde encombre les abords des administrations publiques.

— Tout le monde, excepté moi, fit M. Personne s'éloignant à toutes jambes.

— Il est bon, le pékin, grommela le vieux sergent, en le regardant s'éloigner... Est-ce qu'il se figure qu'on s'engage général ?...

XXXIII

LA SAGESSE D'UN PORTIER LETTRÉ

Ce jour-là, M. Personne rentra chez lui encore plus morne que de coutume.

Se parlant à lui-même et gesticulant avec une étrange prodigalité de pantomime, il allait remonter les onze étages qui conduisaient à sa mansarde, — quand il rencontra M. le Gouverneur fumant son cigare devant sa porte.

M. le Gouverneur n'était point un méchant homme.

Il avait remarqué depuis quelque temps la mélancolie croissante de son locataire, et, — se trouvant pour le moment de bonne humeur, — il daigna lui adresser le premier la parole.

En effet, au moment où *son* locataire se disposait à passer outre après lui avoir fait un respectueux salut :

— Hé ! c'est monsieur Personne !

D'où lui vient aujourd'hui cet air sombre et sévère ?

Comme dit le poète... Aurions-nous d'aventure fait un rêve néfaste ? Sommes-nous dans une journée sinistre ?...

... Nigro notanda lapillo.

suivant l'expression d'Horace.

Le locataire de M. le Gouverneur, à qui celui-ci n'avait jamais plus daigné parler depuis le jour de son installation, fut surpris de s'entendre interpeler, et plus surpris encore des citations littéraires dont était entremêlé le langage de celui qu'on eût jadis intitulé *portier*.

Mais M. le Gouverneur, sans prendre garde à son étonnement, sans même lui laisser le temps de répondre :

— Je gage, mon cher M. Personne, que vous avez quelque chagrin caché...

... Latet anguis in herba.

Hé! hé!... Les temps sont durs et la fortune ne vient plus en dormant...

— En effet, soupira notre héros, que cette réflexion venait frapper en pleine poitrine.

— Tenez, je suis sûr que j'ai deviné la cause de votre tristesse...

Nourri dans le malheur, j'en connais les détours.

Vous avez cru que les alouettes vous tomberaient toutes rôties... Moi aussi je l'ai cru... mais d'échelon en échelon... Si je vous disais, mon pauvre monsieur Personne, que tel que vous me voyez, je suis docteur ès-lettres...

— Vous !

— Moi-même...

— Et...

— Et je tire le cordon, — ou peu s'en faut... Hélas ! je ne suis pas le seul... La concurrence ! la concurrence !... Aujourd'hui, mon bon monsieur Personne, les conducteurs d'omnibus passent des examens à la Sorbonne; les gens comme il faut ne veulent plus d'un domestique s'il n'a pas son diplôme de bachelier, et tenez, il vient ici pour entretenir les appartements du premier un frotteur qui est licencié ès-science et grand-prix de mathématiques du concours général.

— Un frotteur ! murmura M. Personne... Mais alors que puis-je devenir moi-même ?

— Oui, n'est-ce pas !... Voilà la question... *To be or not to be*... C'est plus que jamais l'alternative de Shakespeare...Vivre de privations ou mourir de faim. Tous les ans les lycées jettent sur le pavé de Paris trois cent mille jeunes gens — riches d'espérances... Que faire?... Jadis je vous aurais conseillé de vous instituer photographe, mais cinquante de ces Messieurs ayant en plein jour et à main armée attaqué un passant pour le forcer à faire faire son portrait, et s'en étant arraché les lambeaux, la police vient de proscrire cette profession dangereuse pour la sûreté publique.

— J'approuve l'autorité, opina M. Personne.

— Je vous dirais bien d'essayer de vous présenter à l'Académie.

— Mais je n'ai aucun titre pour cela.

— Justement... Seulement vous manquez d'antécédents politiques.

— Il est vrai.

— Diable! diable!... Eh! mais, parbleu, j'y pense!... Notre propriétaire...

— M. Ustazade Vautour?

— Lui-même est à la fois un des princes de la finance moderne et l'un des rois du commerce actuel... S'il le veut, il peut vous placer.

— Le voudra-t-il?

— Avec une lettre de recommandation de moi et en qualité de locataire d'un de ses immeubles, je l'espère... C'est une façon de se garantir les paiements de ses termes à venir. Il les retiendra sur vos appointements.

— Cette considération pourrait, en effet, décider sa générosité.

— Chut!... Comme l'a dit Racine

Ces murs mêmes, Seigneur, peuvent avoir des yeux.

— Et des oreilles.
— Précisément...
— Mais où pourrai-je avoir l'honneur de me présenter à M. Dominique Ustazade Vautour?

— Au *Temple du dieu Lingot*, de midi à trois heures. Il y est toujours. On vous indiquera l'endroit où il se tient.

— Qu'est-ce que le Temple du dieu Lingot?
— L'institution qui a succédé à ce qu'on nommait autrefois la *Bourse de Paris*.

— Ah! ah!... Fort bien.
— Si vous ne connaissez pas le Temple du dieu

Lingot, ce sera en même temps pour vous une occasion de voir une des plus grandes curiosités de Paris et de faire un cours appliqué de morale contemporaine.

— J'irai...

— A la bonne heure.

— Mais où est-il, ce Temple fameux ?

— Place de la Forêt-de-Bondy... Tout le monde vous indiquera cela... Allez, et bonne chance...

Macte animo, generose puer.

comme chantait le cygne de Mantoue.

XXXIV

LE TEMPLE DU DIEU LINGOT

Le Temple du dieu Lingot était bien, en effet, une des plus grandes curiosités du Paris de 1901.

C'était là que la spéculation avait établi son quartier général.

En pénétrant dans le sanctuaire qui, — comme les cimetières, — devenait trop petit d'année en année, et nécessitait des agrandissements nouveaux, M. Personne vit là, — sans exagération,— à peu près la moitié de Paris s'entassant, criant, s'étouffant.

Car, toutes les classes sociales avaient été gagnées par la passion du jeu.

Ceux qui n'avaient pas le moyen de payer en numéraire, spéculaient en nature.

Aussi, voyait-on une foule de pauvres hères qui se promenaient dans le palais gigantesque en portant leur matelas, leur commode ou leur lit sur leur dos.

Quand ils rencontraient un spéculateur, qui leur offrait une ou plusieurs actions à leur goût, ils lui livraient les débris de leur mobilier contre le chiffon de papier qui leur promettait un gain aléatoire.

Au milieu de l'édifice, sur une estrade, somptueusement ornée, apparaissait le dieu de l'endroit.

Un énorme lingot d'or !

Chaque personne, en passant, fléchissait le genou devant l'idole.

D'aucuns même, — les gens superstitieux, — accrochaient tout à l'entour des *ex-voto*, dans l'espoir de se rendre la chance propice.

Vu l'étendue du bâtiment, des chœurs d'orphéonistes de huit cents voix étaient chargés de proclamer, de trois en trois minutes, le cours des différentes valeurs — et jamais musique céleste ne fut écoutée avec plus de recueillement que cette ritournelle de la cupidité.

Alors, à chaque appel nouveau, c'était un brouhaha frénétique, et l'on voyait les joueurs passer dans des vestiaires *ad hoc* et se dépouiller, — suivant les caprices du sort — des vêtements qu'ils portaient pour en revêtir de plus somptueux ou de plus misérables.

Car l'agiotage avait pris de telles proportions, que, par un seul coup de bourse, on était ou ruiné, ou enrichi.

On rencontrait ainsi des adorateurs du dieu Lingot qui, dans la même journée, troquaient vingt fois leur costume chamarré de bijoux contre des haillons, et réciproquement.

En vue de ces changements subits de position, on avait fait construire sur les quatre faces de l'immense place qui encadrait le Temple du dieu Lingot des demeures d'un luxe princier.

Ces demeures, qui passaient parfois, en quelques heures, dans les mains de dix propriétaires, portaient constamment un écriteau indiquant qu'elles étaient à vendre.

Dès qu'un joueur avait fait fortune par suite d'un changement de cours, il se dirigeait vers un de ces palais magnifiques, en payait le prix au précédent habitant que la ruine avait frappé, trouvait le couvert mis et les chevaux sellés, faisait un bon repas, se promenait triomphalement autour de la place, revenait jouer, perdait et cédait à un autre ses somptuosités d'une heure.

Rien du reste n'avait été omis dans l'agencement du Temple du dieu Lingot.

Outre les singularités qui viennent d'être énumérées, on y trouvait à main gauche, en entrant, un comptoir pour *la location des pistolets*.

Celui-ci s'adressait aux spéculateurs qui ne voulaient pas survivre à leur déconfiture.

A main droite, un autre comptoir tenait les travestissements à l'usage de ceux qui préféraient — et le nombre en était de beaucoup le plus grand — se soustraire, par une fuite soudaine, aux exigences des liquidations.

Mais ce qui frappa le plus M. Personne, ce fut la présence d'une certaine quantité d'individus qui se faufilaient dans les flots pressés de la foule. Là, s'approchant furtivement des gens, ils leur glissaient à l'oreille ces mots rapides :

— *Faut-il des fausses nouvelles?... Fausses nouvelles à vendre!...*

Quand le chaland semblait disposé, les débitants de cette singulière denrée, l'emmenaient dans un des magasins établis sur la place, et consacrés, — à ce qu'il paraît, — à cette marchandise d'espèce particulière.

Or, ce fut précisément à l'un de ces magasins qu'on envoya M. Personne, quand il se fut décidé à demander à un passant où il pourrait trouver M. Dominique Ustazade Vautour.

XXXV

PORTRAIT SANS RETOUCHE

M. Dominique-Ustazade Vautour avait en effet conquis sa colossale fortune dans un double genre de trafic.

Le premier consistait à écouler chaque jour, sur la place financière, un certain nombre de *canards,* grâce auxquels il induisait en tentation les imbéciles qu'il dévalisait ensuite à l'aise.

La seconde de ses négociations n'était pas

moins extraordinaire. Il ouvrait dans un quartier de Paris une boutique de n'importe quelle espèce.

Par exemple, de nouveautés.

Au bout d'un mois, des avis collés à toutes les vitres annonçaient :

JE SUIS RUINÉ

Je n'ai plus qu'à en finir avec la vie !

« Mais auparavant, je veux que le public profite du moins de mon malheur.

» En conséquence, à dater de la semaine prochaine, je liquiderai à 100 p 100 au-dessous du cours toutes les marchandises que j'ai en magasin.

» Ceux qui auront acheté mes madapolams avec rabais incroyable béniront ma mémoire quand je ne serai plus. »

Les badauds passaient ;
En passant, regardaient ;

Se ruaient après avoir regardé, à l'assaut de la boutique du négociant malheureux.

Lequel négociant malheureux, qui n'était autre que le sieur Vautour, leur écoulait des produits abominables, des *rossignols* inqualifiés, tous les rebuts du commerce parisien.

Le tout avec des bénéfices énormes.

Ah! l'honnête homme! — Le galant homme!

XXXVI

LE MAGASIN DE FAUSSES NOUVELLES

Au moment où M. Personne se présenta, le sieur Dominique Ustazade Vautour était en conférence avec un acheteur.

L'homme aux yeux verts put donc examiner à loisir le magasin où il se trouvait.

Ce magasin portait au dehors pour enseigne :

A LA BONNE FOI.

Pour sous-titre : « *Nouvelles en tout genre.* »

A l'intérieur se profilaient le long des murs des rangées de casiers superposés et étiquetés.

D'un côté, les casiers de la hausse.

De l'autre, les casiers de la baisse.

Puis, sur chaque tiroir une indication particulière indiquant la nature des produits qu'il contenait.

On lisait par exemple :

— *Morts subites de souverains.*
— *Grandes batailles (Victoires ou défaites.)*
— *Troubles à l'intérieur.*
— *Changements de ministère.*
— *Rumeurs relatives à des banqueroutes importantes.*
— *On-dit sinistres pour paralyser la réponse des primes.*

Etc., etc., etc.

Devant ces casiers étaient installés des comptoirs occupés par des commis qui débitaient la marchandise à la clientèle en faisant l'article :

— Comment! monsieur ne trouve pas ce *bruit de révolution au Paraguay* assez vraisemblable!... Mais c'est ce qu'il se fait de mieux dans ce genre. Regardez un peu ce que vous marchandez... Il n'y a pas un mot dans la nouvelle qui ne porte un cachet saisissant de vérité. Vous aurez avec cela une baisse formidable sur les actions des *Mines de caoutchouc!*

Et vous, monsieur, que vous faut-il ?

Une nouvelle de hausse... Est-ce quelque chose de bien établi que vous désirez?... Oui... Prenez-moi cela de confiance... C'est de la haute nouveauté... *L'annonce de la conclusion d'une paix définitive entre les Etats du Nord et les Etats du Sud de l'Amérique...* Plaît-il?... Monsieur craint que cela ne soit pas assez vraisemblable ? Depuis cinquante ans qu'ils se battent pourtant !... Après cela, si vous préférez une nouvelle moins éclatante, mais plus solide... Nous avons des *Renseignements sur l'abondance des récoltes* qui ne peuvent manquer leur effet....

Alfred, passez-moi le tiroir aux bonnes récoltes il doit en être sorti de l'atelier...

En effet, il y avait un atelier.

Cet atelier, situé au fond du magasin, en était séparé par un vitrage cannelé qui permettait d'entrevoir une vingtaine d'individus, dans l'attitude de la plus profonde méditation.

C'étaient les ouvriers en fausses nouvelles qui cherchaient des combinaisons.

Mais M. Personne ne put pousser plus loin son examen.

Le sieur Ustazade Vautour venait de paraître reconduisant le client avec qui il conférait.

— C'est entendu, lui dit-il... J'ai pris note de votre commande. Je vous livrerai jeudi vos *faux bruits d'expropriation* pour faire hausser le prix de vos terrains de la rue de Fontainebleau... Soyez tranquille, vous serez content, mais il est bien arrêté que nous partageons les bénéfices..., A bientôt!

Puis, se retournant vers l'homme aux yeux verts :

— C'est vous, monsieur, qui désirez me parler en particulier ?
— C'est moi.
— Veuillez me suivre dans mon cabinet.

XXXVII

SAVEZ-VOUS RIRE?

— De sorte, fit M. Ustazade Vautour, quand il eut écouté les explications de son visiteur et pris connaissance de la lettre de M. le Gouverneur de son immeuble du boulevard de Pontoise, de sorte que vous êtes un de mes locataires?

— Oui, Monsieur.

— Et que vous désirez obtenir un emploi sous mes ordres?

— Oui, Monsieur.

— Ce qui veut dire, en bon français, que vous êtes à bout de ressources; que, par conséquent, si je ne vous place pas, je suis menacé de perdre le montant des termes qui viendront après ceux que vous m'avez soldés d'avance?

— Permettez, Monsieur.... Je suis honnête homme...

— Ta! ta! ta! pas de bêtises!... s'écria Ustazade Vautour... Je n'ai pas de temps à perdre, et je sais ce que je dis...

— Je vous répète, Monsieur, que je suis honnête homme, et que j'ai toujours fait face à mes engagements.

— Je ne m'étonne pas que vous soyez pauvre, alors... Mais, allons droit au but... Vous prétendriez entrer dans le monde de la spéculation?

— Puisqu'il le faut.

— Nous allons voir... nous allons voir... fit M. Ustazade Vautour, passant hypocritement derrière l'homme aux yeux verts... Veuillez prendre ce livre qui est là-bas sur mon bureau.

M. Personne se leva pour obéir à cette demande.

A peine eut-il le dos tourné, que le sieur Vautour laissa tomber à terre une pièce d'or.

M. Personne continua, sans se retourner, à marcher vers le bureau et étendit la main vers le livre ; mais, le digne Ustazade l'arrêtant :

— Inutile, mon garçon... Vous ne ferez jamais un financier.

— Pourquoi ?

— Parce que je vous ai soumis à une épreuve concluante. A l'instant, pendant que, sous un prétexte, je vous envoyais de ce côté, j'ai laissé choir cette pièce de l'autre.

— Eh bien ?

— Eh bien ! c'est décisif... Si vous aviez la moindre vocation pour les affaires, votre premier mouvement, en entendant tomber de l'argent, aurait été de vous baisser pour le prendre.

— Vous voulez dire, pour vous le rendre ? fit M. Personne, avec hauteur.

— Donc, poursuivit le noble Vautour sans prendre garde à l'interruption, la chose est toisée, vous ne pourriez me servir à rien sous ce rapport... Mais il y aura peut-être moyen de nous entendre autrement.... Avez-vous de l'imagination?

— J'essaierai, s'il s'agit de l'appliquer à un but utile.

— Très-utile.

— Alors, j'en aurai.

— Tout ce qu'il y a de plus utile ; — puisque de là, dépendra votre pain quotidien !

— Ce n'est pas ainsi que je l'entendais...

— Entendez-le comme il vous plaira.. Voici, en trois mots, la proposition que j'ai à vous faire. Comme vous le savez, je suis à la tête de l'établissement de fausses nouvelles, le plus important de tout Paris !

— Je l'ignorais encore il n'y a qu'un instant.

— Cet établissement m'a valu une fortune qui n'a guère de rivale. Il continue à me rapporter des bénéfices satisfaisants, — mais je ne puis me dissimuler que les affaires deviennent de plus en plus difficiles.

A force d'avoir été bernés, les gogos commencent à se défier.

On a toutes les peines du monde à provoquer de brusques fluctuations dans les cours.

Bref, mon répertoire de fausses nouvelles a besoin d'être entièrement rajeuni.

Il faut sortir de la routine, trouver de l'imprévu, de l'excentrique... Quelque chose qui, du premier coup, mette son public dedans.

J'y tiens au double point de vue de mes intérêts et de l'art lui-même.

Vous êtes neuf dans le métier, vous arrivez sans idées préconçues comme sans traditions...

— Excusez-moi, Monsieur, fit M. Personne, en fait de traditions, il en est une que je ne trahirai jamais, c'est celle de la loyauté.

— Et qui diable vous parle de loyauté ! Vous ne m'avez donc pas compris ?

— Je crains le contraire.

— Soyez loyal tant qu'il vous plaira, pourvu que vous me fournissiez de bonnes petites inventions qui provoquent à mon gré des hausses formidables ou des baisses foudroyantes.

— Qui dépouilleront des malheureux.

— Des sots assez crédules pour s'y laisser prendre. On ne violente personne.

— Mais on dupe tout le monde.

— Holà, mon garçon... Il me semble que vous devenez impoli.

— Vous voyez donc bien, Monsieur, que jamais je ne saurais mentir pour les autres, puisque je ne le puis pas même avec vous.

XXXVIII

AIMEZ-VOUS MIEUX PLEURER?

A cette apostrophe énergique, Dominique Ustazade Vautour devint cramoisi, et, à coup sûr, son premier mouvement fut de jeter à la porte le moraliste imprudent.

Mais il se souvint à temps qu'il était membre du Comité de plusieurs sociétés de bienfaisance, que, s'il malmenait trop violemment un pauvre hère, celui-ci pouvait ébruiter sa conduite, et nuire à sa candidature au prix de *Philantropie* de l'*Institut des Vertus Sociales*.

Réprimant donc sa colère, et prenant un ton mielleusement hypocrite :

— Je vous l'avais bien dit, cher Monsieur, que vous n'entendez rien à la spéculation... Si je voulais vous en expliquer le mécanisme complexe, je n'aurais pas de peine à vous démontrer que vous méconnaissez mes intentions et les procédés de ma maison, assez honorablement connue, Dieu merci.

Mais, tout exagérés que sont vos scrupules, ils partent d'un naturel droit, — et je les honore.

La meilleure preuve que je puisse vous en donner, c'est que je veux, mon cher Monsieur, vous faire une autre proposition.

Rassurez-vous, il ne s'agit, cette fois, que d'une affaire commerciale.

Le commerce, lien des nations, fécondateur de la richesse publique, fils du travail et de la probité !...

En défilant cette kyrielle de qualifications pompeuses, Vautour hancha d'un air superbe.

On aurait dit qu'il prononçait un discours à la distribution des récompenses d'une des huit mille expositions de l'Industrie qui avaient lieu tous les ans, dans les principales villes du monde.

M. Personne le regardait fixement.

— Aimeriez-vous le commerce? continua-t-il d'un ton insinuant.

— Je l'aimerais, si je me sentais les capacités nécessaires pour...

— Vous les acquerrez avec le temps. D'ailleurs les fonctions que je vous destine sont de celles qui ne demandent que de la tenue et de la sincérité d'allure.

— Quant à la sincérité, vous avez pu voir Monsieur, qu'elle ne me manque point.

— Aussi, est-ce là justement ce qui m'a plu en vous. Un autre aurait peut-être pris en mauvaise part vos paroles de tout à l'heure... Elle ne m'ont inspiré à moi que plus d'estime pour votre caractère.

Ecoutez-moi bien.

— Je vous écoute, Monsieur.

— Indépendamment de mes entreprises de Bourse, je suis possesseur de tous les magasins de nouveautés de Paris, que j'ai centralisés entre mes mains, afin de supprimer toute concurrence.

— Et vendre le plus cher possible, ajouta M. Personne.

— Tiens! tiens! Vous avez des notions commerciales beaucoup plus développées que je ne le pensais.

Mais vendre le plus cher possible ne suffit pas, il faut vendre beaucoup, et, pour vendre beaucoup, il faut tenir incessamment le public en haleine.

C'est pour cela que j'ai imaginé les *liquidations pour cause de ruine complète* dont vous avez vu probablement les affiches.

—Comment ! c'était vous ?...

— Moi-même.

— Et ces ruines...

— Fictives n'avaient d'autre but que de donner un coup de fouet à la vente.

Le coup de fouet fut merveilleux d'efficacité dans les premiers temps. Aujourd'hui, à force de durer, le procédé menace de s'user. Il est urgent de le raviver.

Les acheteurs commencent à douter de la réalité de ces déconfitures. Le mot d'*expédient* est prononcé. Il devient nécessaire de lui imposer silence en ranimant sa foi.

Et voici précisément où vous pourrez m'être d'un secours précieux.

Le jour en effet où, — en entrant dans un de mes magasins liquidés pour cause de déconfiture, — les acheteurs verront le propriétaire de l'établissement lui-même pâle, morne, les larmes aux yeux, le doute s'évanouira, les affaires quintupleront, le coup sera porté !

Pour achever de convaincre les badauds, nous vous adjoindrons un tableau de famille, une mère

— la femme du négociant ruiné, — entourée de ses enfants en bas-âge.

N'est-il pas vrai ? Il faut qu'ils soient en bas-âge, pour intéresser davantage ?...

— J'avoue, Monsieur, ne pas concevoir en quoi mon avis peut vous importer en tout ceci.

— Parbleu ! vous n'avez pas deviné !... ce négociant ruiné ce sera vous ! Vous avez l'air candide... de la mélancolie dans les traits... Je vous chercherai une dame de comptoir qui ait les pleurs faciles...

Puis les marmots... blonds ! c'est encore plus sentimental que bruns...

Je vois d'ici l'ensemble... vous au milieu... la femme à gauche... les enfants à droite !...

Nous ferons des recettes effrayantes... Quant à vous, vous aurez 20 p. 100 de bénéfices, la table le logement, et le chauffage.

Vous vous mettrez en noir... c'est plus recueilli... Ah ! j'oubliais.

— En effet, Monsieur, fit M. Personne, se levant pâle et indigné...

Vous oubliez... que vous avez devant vous un homme qui respecte trop sa misère pour la parodier au profit de votre richesse.

XXXIX

COMPLICATIONS

Après ce nouveau choc, où ses espérances étaient encore une fois restées sur le carreau, M. Personne rentra chez lui furieux, exaspéré!

— Le coquin!... murmura-t-il en se laissant tomber sur son maigre grabat.

Le coquin!

Ils semblent tous s'être donné le mot pour m'insulter ou me mystifier... Sont-ce donc là les hommes, — et dois-je les envelopper dans un mépris commun, — en me laissant aller à un invincible désespoir?... Après m'avoir tout pris!... Tout, jusqu'à mon nom !

Car j'avais un nom... moi ! Un nom noble !

Ah ! ah ! ah !

Tandis qu'aujourd'hui... je suis Personne ! Ah ! ah! ah !

Personne, l'inconnu ! l'abandonné ! le méprisé ! Personne le... Ah ! ah! ah !

Notre héros fut pris — en parlant ainsi — d'un de ses navrants accès d'hilarité.

Peu à peu pourtant il parut se calmer.

— Non ! répéta-t-il

Non ? c'est impossible.

Je chercherai encore... Je tenterai de nouveaux efforts, et il faudra bien que ma persévérance soit plus forte que leurs égoïsmes !

Surtout!... Surtout si *elle* consent à m'aimer, fit-il, en allant ouvrir la fenêtre de sa mansarde.

A la croisée d'une maison voisine brodait une jeune fille blonde.

XL

ELLE

La jeune fille blonde, c'était elle.

Il l'avait vue une fois sans y prendre garde. Il l'avait revue et y avait pris garde.

Il l'avait revue encore et l'avait aimée !

Elle était si charmante ! Elle paraissait si chaste ! Elle rougissait si modestement quand son regard rencontrait celui de M. Personne.

Celui-ci n'avait pas tardé à être au courant de sa vie entière.

Quels observateurs que les amoureux !

Il savait qu'elle vivait seule avec sa mère, il savait qu'elle sortait tous les jours pour aller reporter l'ouvrage quotidien à un magasin qui l'occupait.. Il savait qu'à la même heure il descendait, lui aussi, tous les jours, qu'il la rencontrait, qu'elle passait doucement à côté de lui, qu'il avait vingt fois voulu lui adresser la parole, et qu'il ne l'avait jamais osé.

Voilà qui trahissait son âge, invisible sur sa figure.

Décidément, M. Personne était jeune encore !

Mais, ce jour-là, la timidité était aiguillonnée par l'exaltation.

Et comme — l'heure étant venue, — il vit la jeune fille prendre, comme à l'ordinaire, son châle de laine et son modeste chapeau :

— Aujourd'hui, j'oserai ! s'écria-t-il.

Son amour doit être, ou mon dernier appui, ou ma dernière déception...

XLI

DEMANDE ET RÉPONSE

La stratégie des jours précédents se renouvela, comme à l'habitude.

La jeune fille blonde suivait le trottoir.

M. Personne s'avança résolûment à sa rencontre, et se découvrant avec respect :

— Daignez m'excuser, mademoiselle.

La jeune fille blonde leva les yeux avec étonnement, — mais sans nulle frayeur.

— Daignez m'excuser, Mademoiselle, mais il faut que je vous parle.

— A moi? fit-elle ingénûment.

— Oui, Mademoiselle. Depuis longtemps je vous regarde...

— Je le sais, Monsieur.

— Depuis longtemps je cherche à retenir le secret prêt à m'échapper... Mademoiselle, je vous aime.

— Vous m'aimez, Monsieur, répondit la jeune fille blonde du ton le plus naturel...

— Oh! oui, Mademoiselle.

— Mon Dieu, Monsieur, je ne vous dis pas le contraire.

Cette dernière phrase avait été prononcée avec un tel flegme que notre héros resta un instant stupéfait.

Mais reprenant aussitôt :

— Croyez-le bien, Mademoiselle... mes intentions sont pures.

— Je vous crois, Monsieur.

— C'est votre main que je veux avoir l'honneur de demander; toutefois auparavant j'ai tenu à savoir si une pareille démarche... n'aurait rien qui pût vous... déplaire.

L'organe de M. Personne était brisé par l'émotion.

Quant à la jeune fille blonde, sans le moindre trouble, et avec la bonne foi parfaite d'une personne qui ne comprend rien à ce qui se passe autour d'elle :

— Pardon, Monsieur, mais pourquoi est-ce à moi que vous vous adressez ?

Il y avait de quoi reculer de vingt pas.

— Comment pourquoi ! balbutia M. Personne.
— Sans doute. Tout cela ne me regarde pas.
— Tout cela ne vous regarde pas ?... Vous ne m'avez donc pas entendu ?.. Vous ne m'avez don-

pas compris?... Je vous aime, Mademoiselle.

— Parfaitement, monsieur... Que voulez-vous que j'y fasse?

— Je veux... je voulais... solliciter l'honneur...

— De m'épouser?

— De vous épouser.

— Eh bien! c'est précisément à ce sujet que je viens de vous répondre, Monsieur, que cela ne me regardait pas.

Pour le coup, c'était écrasant.

M. Personne passait par toutes les nuances de l'arc-en-ciel.

La jeune fille blonde restait impassible.

— Et qui donc cela regarde-t-il? exclama l'homme aux yeux verts d'une voix étranglée.

— La maison Conjungo et Ce, 171, rue de Sèvres, repartit la jeune fille blonde avec sérénité.

— Vous dites, Mademoiselle...

— La maison Conjungo et Ce, 171, rue de Sèvres, à laquelle je suis affermée depuis l'âge de cinq ans. C'est donc à elle que vous voudrez bien vous adresser, dans le cas où vous persisteriez dans votre résolution.

Et la jeune fille blonde esquissant une paisible révérence d'adieu :

— Vous demanderez mademoiselle Laure Dubouchet, Monsieur... C'est au fond de la cour, au premier... Il y a un écusson à la porte !

XLII

MARIAGES SUR COMMANDE

Afin de donner au lecteur la clé de la scène précédente, il est peut-être bon de lui fournir quelques renseignements qui, évidemment, n'étaient pas connus de M. Personne.

Celui-ci se figurait sans doute, — dans son ignorance, — que le mariage était encore, comme il l'avait été dans des temps reculés, — une question de sentimentalité.

Le mariage était devenu une question d'affaire.

Dans le principe, les parents ou les amis s'étaient chargés de débattre, à mots couverts et sous le manteau de la cheminée, le chiffre des apports dotaux.

Aux yeux du monde, les fiancés, paraissant encore étrangers à ces calculs, dissimulaient la spéculation sous une apparence de sympathies officielles.

Mais bientôt cette comédie pour la forme parut inutile à jouer.

L'arithmétique régna sans partage.

Ce fut alors que les parents, sentant que leur intervention directe devenait trop odieuse, résolurent de s'en remettre à des intermédiaires.

D'où la création des premières *entreprises de mariages,* — lesquelles remontaient au siècle précédent.

Qu'il y avait loin toutefois de ces essais timides à l'organisation puissante et savamment financière des établissements de 1901!

Ces établissements étaient maintenant aussi nombreux que les compagnies d'assurance contre l'incendie.

Pas un seul mariage ne se faisait en dehors de leur intervention.

Quand une jeune fille pauvre, mais de bonne famille, atteignait la cinquième année, les parents allaient trouver une des compagnies en question.

Un expert était chargé de constater les probabilités de beauté plus ou moins grandes qu'offraient les traits de l'enfant.

Ces probabilités servent de base au contrat qui allait lier l'entrepreneur et les parents.

Par ce contrat, celui-là s'engageait à payer à ceux-ci une rente plus ou moins forte jusqu'au jour où il aurait établi la jeune fille.

Il se chargeait en outre de lui faire donner une éducation plus ou moins brillante, — toujours selon que ses charmes promettaient plus ou moins.

Quand l'heure du mariage avait sonné, l'entrepreneur rentrait dans tous ses déboursés, plus une part sur l'apport matrimonial du mari qu'il avait procuré.

Pour les jeunes gens pauvres, la question était retournée.

Pour les jeunes filles et les jeunes gens riches, l'affaire se traitait sur des bases proportionnelles au taux des fortunes, et les unions avaient lieu entre chiffres bien assortis pour les liens du mariage.

C'était, comme le lecteur peut le voir, une organisation complexe, mais qui fonctionnait avec la plus complète régularité.

On citait surtout parmi les bonnes maisons du genre : La Société de la *Tourterelle*, la Compagnie de la *Torche nuptiale*, la Compagnie des *Unions parfaites*, et, par-dessus toutes les autres, l'*Agence Conjungo et Compagnie*.

Celle-là même de laquelle dépendait à ce qu'il paraît, la charmante voisine de notre héros.

XLIII

L'AGENCE CONJUNGO ET Cⁱᶜ

M. Personne — ainsi qu'il a été dit plus haut — ignorait tous ces détails.

Aussi la conduite de mademoiselle Dubouchet était-elle pour lui la plus exaspérante des énigmes.

A tout prix il fallait qu'il en sût le mot.

Une demi-heure après, il faisait son entrée dans la maison Conjungo et compagnie.

Mademoiselle Laure ne l'avait pas trompé.

C'était bien rue de Sèvres, 171.

Au fond de la cour.

Au premier.

Et il y avait un écusson sur la porte !

Arrivé devant cet écusson, M. Personne sonna et un laquais galonné vint lui ouvrir :

— Que désire Monsieur ?

Est-ce pour projet de mariage, signature de contrat ou démarches en séparation ?

— Pour projet de mariage, répondit l'homme aux yeux verts s'étonnant, à part lui, que la même administration se chargeât de lier d'un côté et de délier de l'autre.

— Fort bien, Monsieur... Premier corridor à gauche, deuxième couloir à droite, huitième porte, — salon *M*.

M. Personne s'aventura à travers les dédales de cet immense appartement.

Arrivé à la porte du salon M, il reçut d'un second domestique le numéro 72, et fut introduit dans une vaste pièce meublée avec recherche.

M. Personne, impatient, commença par arpenter pendant une demi-heure le salon de long en large, — puis s'assit, et feuilleta machinalement des collections de certificats qui se trouvaient sur la table.

Tous les signataires attestaient que la maison Conjungo et compagnie ne les avait pas trompés d'un centime sur les mérites de leurs conjoints ou conjointes.

De bonheur en ménage, il n'en était pas question une seule fois.

Cet examen terminé, M. Personne consacra une autre demi-heure à compter les fleurs de la rosace du plafond, puis un quart-d'heure à contempler le bout de ses bottes.

Las enfin de cette attente qui le minait, il se décida à adresser quelques mots à son voisin, petit vieux de cinquante-six ans environ.

— Pensez-vous, Monsieur, que nous devions attendre longtemps encore ? J'ai le numéro 72.

— Non, une petite heure tout au plus. Il n'y a presque personne aujourd'hui. A ma dernière, il y avait trois fois autant de monde que cela.

— A votre dernière ?

— Sans doute, à ma dernière femme. J'ai déjà convolé six fois et j'ai eu la douleur de survivre à mes six épouses.

Cela tient à mon goût particulier pour les femmes délicates.

Mais cette fois, je suis bien résolu à essayer d'une Alsacienne solidement constituée, car je n'aime pas le changement. Monsieur est-il pour l'Alsacienne ?

— Non, Monsieur.

— Vous préférez peut-être la Parisienne ?... Ah! Monsieur, croyez-moi, la Parisienne est diablement chanceuse... Moi, qui vous parle, j'en ai fait deux fois l'expérience, et je...

— Numéro 72! cria la voix de l'huissier.

L'homme aux yeux verts se hâta de laisser là le Barbe-Bleue à systèmes, et fut introduit dans le cabinet de M. Conjungo.

XLIV

PRIX-COURANTS

Après l'échange ordinaire des politesses, M. Conjungo prit le premier la parole :

— Monsieur désire se marier ?
— Oui, je voudrais...
— J'ai l'affaire de Monsieur... un parti superbe. Une veuve qui boîte légèrement... Cela ne se voit presque pas.
— Pardon, Monsieur, mon choix est fixé.

— Très-bien... Est-ce une blonde, une brune, une chataine ou une rousse?

— Une blonde.

— Ah! Ah!.. Les blondes sont très-demandées pour le quart-d'heure, et je vous préviens qu'il y a une hausse considérable... N'importe! L'âge?

— Vingt ans au plus.

— Très-bien : Blonde, jeune...

Et M. Conjungo se mit à remplir les blancs d'une feuille imprimée.

Puis, reprenant :

— Vous allez voir... Nous avons un assortiment magnifique.

Il sonna.

— Apportez le cahier des blondes, taille moyenne, n'est-ce pas? de dix-huit à vingt.

— Mais encore une fois, Monsieur, intervint

notre ami, mon choix est fixé ; je veux épouser mademoiselle Laure Dubouchet.

— Que ne le disiez-vous plus tôt... C'est alors un mariage d'amour... Nous en faisons si peu entre gens qui se connaissent à présent... Laure Dubouchet... Laure Dubouchet...

Il chercha dans un catalogue.

— Voici !

Laure Dubouchet.

« Née en 1881. »

Elle a par conséquent vingt ans, vous avez raison.

« Fille d'un négociant, mort en 1882, appartenant à l'agence depuis 1886.

» Joli sujet.

» L'agence lui a fait donner une éducation soignée ! Elle a appris l'anglais par la méthode Robertson.

» Caractère porté à la rêverie.

» Ne joue pas de piano, mais tient les livres comme un ange.

» A de plus eu dans sa famille, du côté maternel, deux capitaines de la garde nationale. »

— Diantre! s'écria M. Conjungo, quand il eut achevé, vous avez choisi là une femme très chère... Mais quand on a le moyen d'y mettre le prix...

C'est un mariage qui vous coûtera deux millions... de revenu, bien entendu, — et toutes nos dépenses remboursées!

Cela vous va-t-il?

— Mais c'est un odieux marché que vous me proposez là!

— Vous trouvez que c'est trop? On ne marchande pas ici... Tout du reste est marqué en chiffres connus.

— O siècle de trafic et de boue!..

— Hein!.. Plaît-il!.. Je sais ce que c'est... Vous n'avez pas le sou, et vous vous figuriez qu'on vous donnerait un de nos articles de choix pour vos beaux yeux. Vous n'êtes pas difficile !..

Mais si vous tenez à vous marier tout de même, j'ai ce qu'il vous faut.

Voulez-vous une vieille comtesse de soixante-huit ans?... Elle a un ratelier, une épaule plus haute que l'autre et un cor, mais elle fait bien les choses.

Elle vous apportera une fortune de...

— Taisez-vous, vieux drôle, s'écria M. Personne, marchand de chair humaine, abominable exploiteur, taisez-vous ! Si le verbe *aimer* a été remplacé par le verbe *acheter*, ayez au moins la pudeur de votre abaissement !

— Ah ! c'est ainsi, fit M. Conjungo... Qu'on me jette ce Monsieur à la porte.

Quatre grands valets efflanqués se hâtèrent d'exécuter l'ordre de leur maître.

XLV

LA DERNIÈRE GOUTTE

Quand l'homme aux yeux verts se présenta le soir pour rentrer à son humble gîte, M. le Gouverneur se tenait sur la porte.

On eût dit qu'il guettait quelqu'un.

En effet, dès qu'il aperçut son locataire :

— Mon pauvre monsieur Personne, on ne passe pas !

— Laissez-moi... laissez-moi... je veux être seul, fit celui-ci croyant à une plaisanterie.

— Je vous répète qu'on ne passe pas.

— Et pour quelle raison ?

— Vous ne faites plus partie des locataires de cette maison, dit M. le Gouverneur avec tristesse.

— Allons donc !

— L'ordre d'expulsion est arrivé, il y a deux heures, et votre chétif mobilier a été mis dehors.

— Mon mobilier... Mais quel motif, enfin ?

— Vous avez contrevenu au paragraphe premier du *Code des Locataires*. Il est, vous vous en souvenez, ainsi conçu :

« Tout locataire est un être physiquement comme moralement inférieur à son propriétaire. Il lui doit par conséquent vénération et obéissance. »

— Ah ! oui, fit M. Personne avec véhémence... oui, je comprends...

C'est lui, le noble, le pur, l'immaculé Vautour !...

Lui, qui m'est supérieur moralement.
Le grand cœur!... moralement..
Lui, à qui je dois vénération et obéissance...
Vénération!... Ah ! ah ! ah !... ah !...

Et M. Personne, partant d'un éclat de rire, strident et convulsif, s'élança d'un bond au dehors.

XLVI

C'ÉTAIT...

Il dut courir ainsi durant toute la nuit. . . .
. . . .
. . . .
. . . .

Le lendemain — dans la matinée — il y avait, sur l'une des places de la bonne ville de Paris, une bande de gamins — hideux gnômes du ruisseau — qui s'amusait singulièrement.

La dite bande était acharnée à la poursuite d'un homme aux yeux hagards, aux vêtements en désordre et souillés de fange, aux gestes furibonds, au langage incohérent.

— Tout !...

L'argent m'a tout pris! criait l'homme.

Il m'a pris mon cœur !..

Il m'a pris mon nom !..

N'est-ce pas que c'est drôle!.. Un homme qui n'a pas de nom !... Ah !.. ah !..,

L'argent a voulu me prendre ma conscience... Ah! ah! ah!... Mais je n'ai pas cédé...

Alors... il m'a pris ma raison... Ah! ah! ah!

C'est drôle! c'est drôle! c'est drôle !... Ah! ah! ah!... j'en ris comme vous...

Non! je ne peux pas rire, puisque je ne suis personne... Ah !... ah!

Puisque l'argent m'a tout pris... Personne... Ah! ah! ah!... riez!...

Personne!... Mais riez donc!... Ah! ah! ah!...

Et en effet, à chaque lambeau de phrase de l'infortuné, c'étaient des rires, des quolibets, des huées, quand soudain un agent de l'autorité, fendant les flots de ce cortége dérisoire, et fixant celui qui occasionnait tout ce scandale :

— Je ne me trompe pas .. C'est Personne, l'évadé de Charenton, que nous cherchons depuis plus de six mois!

En même temps, il lui mit la main sur le collet.

A ce contact, il sembla que tout à coup le malheureux reprenait possession de lui-même.

Impassible, il promena autour de lui son regard profond, l'arrêta ensuite sur l'agent qui l'avait appréhendé :

— Oui, c'est moi, dit-il d'une voix ferme...

— Un toqué, hurlèrent les gamins... Ohé! le fêlé! ohé!...

C'était à qui lui tirerait les basques de son habit, le bousculerait, lui jetterait de la boue.

Et tandis que la meute humaine aboyait ainsi à l'homme, on vit s'avancer, en rampant, un pauvre chien, laid, crotté, méconnaissable, qui se mit à lécher, timidement, la main du malheureux.

— Médor! murmura celui-ci.

Tu reviens trop tard, mon pauvre ami....

Puis, essuyant furtivement une larme qui tremblait au bord de sa paupière, M. Personne se redressa, et apostrophant, d'une voix ferme, l'agent qui le tenait toujours au collet :

— Où me menez-vous?

— A Charenton, d'où tu t'es évadé!

— A Charenton, soit! Je fais serment de ne plus essayer d'en sortir... J'ai assez vu de fous comme cela.

FIN

TABLE

		Pages.
I.	L'attroupement	1
II.	En l'an 1901	7
III.	Les chiens cellulaires	11
IV.	L'homme aux yeux verts	17
V.	Rencontre	29
VI.	L'ami des bêtes	27
VII.	Une pétition imprévue	31
VIII.	Monsieur Personne	37
IX.	La Société de Saint-Torquemada	41
X.	La Banque de dévotion	47
XI.	Le café Crésus	55
XII.	L'Hôtel-Géant	63
XIII.	Coin de budget	69
XIV.	La ligue immobilière	73
XV.	Monsieur le Gouverneur	79
XVI.	L'interrogatoire	87
XVII.	Le Code du locataire	97
XVIII.	Le règne de l'annonce	101
XIX.	Les 100,000 heureux	114
XX.	Les journaux à vapeur	123
XXI.	Le *Satisfait*	127
XXII	A la force du poignet	139
XXIII.	La décentralisation théâtrale	143

TABLE

	Pages
XXIV. Où M. Personne croit avoir une position.	151
XXV. Phénomènes vivants	155
XXVI. Le Roi-Ténor.	161
XXVII. Les cocottes dramatiques	169
XXVIII. L'amour en commandite !	175
XXIX. Une représentation en 1901.	181
XXX. Pas de camaraderie.	187
XXXI. Pour un adjectif.	193
XXXII. A la queue !	201
XXXIII. La sagesse d'un portier lettré	207
XXXIV. Le temple du dieu Lingot	215
XXXV Portrait sans retouche.	221
XXXVI. Le magasin des fausses nouvelles.	225
XXXVII. Savez-vous rire ?	231
XXXVIII. Aimez vous mieux pleurer ?.	237
XXXIX. Complications	245
XL. Elle.	247
XLI. Demande et réponse.	249
XLII. Mariage sur commande	255
XLIII. L'Agence Conjungo et Ce.	259
XLIV. Prix courants.	265
XLV. La dernière goutte.	271
XLVI. C'était.....	275

VERSAILLES. — IMPRIMERIE CERF, 59, RUE DU PLESSIS.